Schirner
Verlag

NATHALIE SCHMIDT

ENERGIE
GRUNDLAGE DES LEBENS

VON GRUNDLEGENDEN ENERGIEZENTREN
BIS ZU ENERGIERÄUBERN

Schirner
Verlag

Abbildungen

Abbildung auf den Seiten 10, 97, 98, 127, 128: # 35502653
(© SomeSun), www.fotolia.de
Sämtliche weitere Abbildungen © Nathalie Schmidt

ISBN 978-3-8434-1054-0

Nathalie Schmidt:
Energie – Grundlage des Lebens
Von grundlegenden Energiezentren
bis zu Energieräubern

© 2012 Schirner Verlag, Darmstadt

Umschlag: Murat Karaçay, Schirner,
unter Verwendung von # 31649747
(© Uladzimir Bakunovich), www.fotolia.de
Satz: Aileen Roloff und Sandra Frey, Schirner
Redaktion: Sandra Frey, Schirner
Printed by: OURDASdruckt!, Celle, Germany

www.schirner.com

1. Auflage 2012

Inhalt

Vorwort

Die Basis allen Seins in unserer Welt ist reine Energie.

Energie, Energie, Energie … – Dieses Wort gehört zum Sprachgebrauch eines jeden Menschen. So wird beispielweise oft gesagt, dass man nicht genug Energie habe, um dieses oder jenes zu tun. Zahlreiche Produkte werden in den Medien mit diesem Wort beworben, etwa Energieriegel und Energydrinks. In Filmen[1] ist dieses Thema genauso geläufig wie in Büchern[2]. Energie ist in aller Munde. Doch was ist Energie, und welchen Einfluss hat sie auf unser Leben?

Energie bestimmt alles in unserem Leben. Egal, was wir tun, es hat immer mit Energie zu tun, denn der Grund für unser Leben ist reine Energie. Die Basis *allen* Seins in unserer Welt ist reine Energie. Energie ist alles, was existiert. Jeder Gegenstand, jede Pflanze, jedes Tier, jeder Mensch ist reine Energie. Jeder Gedanke, den wir aussenden, jedes Wort, das wir aussprechen, jede Tat, die wir vollbringen, alles ist reine Energie. Ohne Energie gäbe es nichts. Ohne Energie wären Sie nicht auf dieser Welt. Ohne Energie gäbe es dieses Buch nicht. Energie ist das alles entscheidende Element im Leben. Sie entscheidet über Sein oder Nichtsein. Sie entscheidet über Glück oder Unglück. Sie entscheidet über Gesundheit oder Krankheit. Sie entscheidet über Reichtum oder Armut. Energie ist

---

1 *Avatar; Das fünfte Element; Ghost – Nachricht von Sam*

2 James Redfield: *Die zwölfte Prophezeiung von Celestine*; Marlo Morgan: *Traumfänger*; Joan Lindsay: *Picknick am Valentinstag*; Stephen Hawking: *Das Universum in der Nussschale*; Diana Weltzien: *Das große Praxisbuch der Aura-Chakra-Arbeit*; Joyce Hawkes: *Das Bewusstsein der Zellen*

der Schlüssel zu einem glücklichen, erfolgreichen und wunderbaren Leben. Weil Energie in allem ist, kann auch nur sie der Schlüssel zu allem sein, was ist.

Dieser Tatsache sind sich die wenigsten Menschen bewusst. Täglich fristen sie ihr Dasein, ärgern sich über die Ungerechtigkeiten des Lebens und hoffen auf eine Besserung ihrer Lebenssituation. Die Mehrheit der Menschen erwartet dabei Hilfe von außen, etwa von ihrer Familie, ihren Freunden, Bekannten, Verwandten oder auch von Gott.

Doch jeder Mensch hält die Lösung seiner Probleme in den eigenen Händen. Jeder Mensch kann mithilfe seiner Energie alles im Leben erreichen, was er möchte. Die Energie ist unser Tor zum Glück. Sie ist unser Schlüssel zum Erfolg. Sie ist unser Instrument zur Gestaltung unseres Lebens, und jeder Einzelne von uns bestimmt mithilfe der Energie, wie dieses Leben aussieht. Er bestimmt sein Umfeld. Er bestimmt seine Mitmenschen, seine Familie und seine Erfahrungen.

Lernen Sie aus diesem Grund die Geheimnisse der Energie kennen. Befassen Sie sich mit den Energiesystemen des menschlichen Körpers, dem Einfluss fremder Energien auf unsere Existenz und dem Thema Energieaustausch zwischen Menschen. Lernen Sie, Ihre Energie zu kontrollieren und sich vor Verlusten zu schützen. Lernen Sie alles Grundlegende zum Thema Energie im menschlichen Leben, und Ihr Leben wird sich ab heute für immer verändern.

TEIL I

ALLES IST ENERGIE

Unsere Welt ist reine Energie

Energie ist Leben.

Stellen wir uns das Bild eines Künstlers vor, der viele winzige Punkte auf ein Blatt Papier tupft. Er druckt einen winzigen Punkt neben den anderen, und am Ende entsteht ein fertiges Bild mit einer wunderschönen Landschaft und verschiedenen Personen. Von Weitem sieht es aus wie ein normales Gemälde, doch wenn man ganz nah an das Bild herangeht, sieht man die vielen winzigen nebeneinandergereihten Punkte, die in ihrer Gesamtheit das ganze Bild ergeben.

Genau so ist unsere Welt aufgebaut. Alles besteht aus vielen kleinen Punkten, auch unser menschlicher Körper. Diese Punkte, auch Energiewirbel genannt, befinden sich so dicht nebeneinander, dass unser bloßes Auge sie nicht mehr im Einzelnen erkennen kann. Uns erscheinen der menschliche Körper und jeglicher materieller Gegenstand als Einheit. Doch wenn man die Dinge mit einer vielfachen Vergrößerung betrachten würde, könnte man die einzelnen – nicht zusammenhängenden – Punkte erkennen. Würde man sie noch genauer betrachten, wären selbst diese Punkte nicht mehr als solche erkennbar, weil nur die Energie bleibt, die das menschliche Auge nicht sehen kann.

Gehen wir noch einen Schritt weiter: Diese winzigen Punkte stehen nicht still, sondern bewegen sich mit einer bestimmten Frequenz. Je nachdem, welche Materie sie bilden, bewegen sie sich schneller oder langsamer. Alles, was wir mit unserem menschlichen Auge sehen können, hat eine eigene Frequenz, mit der sich die einzelnen Teilchen – unsere Punkte – bewegen. Wir Menschen können diese Bewegungen nicht wahrnehmen. Die Bewegung der einzelnen Teilchen nennt man Schwingung. Jedes Mineral, jede Pflanze, jedes Tier und jeder menschliche Körper hat eine eigene Schwingungsfrequenz, sodass wir die Körper voneinander unterscheiden können.

Auf dieser Welt existiert also nichts außer vielen kleinen, sich mit einer bestimmten Geschwindigkeit bewegenden Punkten, die dafür sorgen, dass wir Wasser, Holz, Steine, Häuser, Pflanzen, Tiere und Menschen voneinander unterscheiden können. Wir können alle diese Dinge und Lebewesen mit unseren Augen sehen, wir können sie mit unseren Händen fühlen. Energiepunkte, die mit höherer Geschwindigkeit schwingen, können wir mit unseren irdischen Sinnen allerdings nicht mehr erfassen.

Selbst wir Menschen sind reine Energie. Dies ist auch der Grund, warum wir alle eins sind und uns selbst dabei verletzen, wenn wir einem anderen Schaden zufügen. Denn unser Ursprung ist der gleiche. Der andere hat nicht mehr und nicht weniger als wir selbst. Er ist aus derselben Substanz wie wir. Er ist reine Energie. Er besteht nur aus diesen Energiepunkten, die alle gleich sind.

Alles auf dieser Welt ist gleich.

Alles lässt sich auf denselben Ursprung zurückführen. Würden die Energiepunkte aufhören, sich zu bewegen, wären sie alle identisch. Dann wären sie alle nichts. Denn Energie kann nicht ohne Energie existieren. Sie kommt aus dem Nichts und geht ins Nichts zurück, wenn sie aufhört zu existieren. Daher ist das Nichts auch der Ursprung des menschlichen Lebens.

Wir kommen aus dem Nichts, und wir gehen wieder ins Nichts. In der Zwischenzeit sind wir reine Energie.

Wir müssen in jedem Augenblick unseres Lebens bedenken, dass alles aus demselben Stoff erschaffen ist wie wir selbst, dass alles um uns herum denselben Ursprung und dasselbe Ziel hat wie wir selbst und dass alles, was wir tun, eine Veränderung hervorruft – beim anderen genauso wie bei uns selbst. Warum dies so ist, ist Ihnen hoffentlich klar geworden. Es existiert auf dieser Welt nichts anderes als viele Energiepunkte, die sich zusammengeschlossen haben.

Materie und Energie

Materie ist Energie, daher gebührt allem auf der Welt Liebe, Dankbarkeit und Achtung.

Gemäß der menschlichen Definition ist Materie totes Material ohne Geist und Seele. Doch genau genommen unterscheidet sich diese leblose Materie nur in wenigen Punkten von einem tierischen oder menschlichen Gewebe. Materie besteht genauso aus vielen einzelnen Punkten wie unser menschlicher Körper.

Früher dachten die Wissenschaftler, dass es sich bei den Punkten um einzelne Atome handelt, also um einzelne kleinste Teilchen. Durch die moderne Quantenphysik wurde die Wissenschaft jedoch eines Besseren belehrt. Man fand heraus, dass physische Atome aus Energiewirbeln bestehen, die permanent schwingen und sich drehen. Das bedeutet, dass Materie, welcher Art auch immer, nicht aus vielen kleinen Teilchen besteht, sondern genauso aus Energie wie unser menschlicher Körper. Die Atome toter Materie bewegen sich allerdings wesentlich langsamer als die Teilchen lebender Materie. Anders ausgedrückt ist die Energiefrequenz von toter Materie deutlich geringer als die im menschlichen Körper.

Je geringer die Distanz ist, aus der man ein Atom (also einen Energiepunkt) betrachtet, desto weniger kann man erkennen, weil das Atom nur aus reiner Energie besteht und keine greifbaren Formen hat. Die Dichte und Härte eines Materials hängen dabei von der Schwingungsfrequenz der Energiepunkte ab. Außerdem gilt:

Gegenstände haben eine Art Seele, die ihre Form wahrt.

Diese Seele ist natürlich nicht mit der Seele des Menschen vergleichbar, aber dennoch gibt es irgendetwas, was den einzelnen Energiepunkten befiehlt, zusammen diese Form einzuhalten und sich nicht auseinanderzubewegen. Erst durch eine Gewalteinwirkung von außen kann der Verbund zerstört werden. Allerdings teilt sich der Verbund stets nur an einer Linie, der Bruchlinie. Der Zusammenhalt des übrigen Gegenstandes bleibt weiterhin bestehen.

Für mich ist diese Seele spürbar und der Grund dafür, dass der Mensch auch Gegenstände lieben und achten sollte. Denn wie mit einer Pflanze, die durch Liebe und Zuspruch schöner gedeiht, verhält es sich auch mit sogenannter toter Materie. Vermitteln wir einem Gegenstand positive Gefühle, wird er uns ebenfalls positiv entgegenkommen. Dies mag sich dadurch äußern, dass er sich beim Fallen »bemüht«, nicht zu Bruch zu gehen, oder dadurch, dass er uns den Weg zu sich weist, wenn wir ihn verlegt haben. Sicherlich haben Sie dahin gehend selbst einmal Erfahrungen gemacht, zum Beispiel dass Ihre Lieblingstasse herunterfiel und glücklicherweise unbeschadet auf Ihrem Fuß landete oder dass ein verlorener Ohrring plötzlich wieder auftauchte.

Gegenstände absorbieren auch Energie von den Menschen in ihrer Umgebung.

Das energetische Feld um Lebewesen herum ist so stark, dass es an den Dingen, mit denen sie immer wieder in Kontakt kommen, haften bleibt. Spüren kann man dies etwa an Schmuckstücken, die ein Mensch oft trägt. Wird das Schmuckstück nach dem Tod seines Besitzers vererbt, so spürt der neue Träger immer noch die Präsenz des Verstorbenen. Dies liegt an der Energie, die nach wie vor an dem Schmuck haftet. Jeder Gegenstand enthält die Summe der Lebensenergie, mit der er in Kontakt gekommen ist. Dieser Zustand kann dem Bereich der sogenannten Psychometrie zugeordnet werden.

Wir sollten daher die Dinge um uns herum nicht als totes Material betrachten, sondern ihnen die gleiche Achtung entgegenbringen, die wir uns von unserer Umwelt wünschen. Wir sollten schätzen, dass wir sie haben, dass sie für uns da sind und uns gute Dienste leisten.

Nichts auf der Welt ist selbstverständlich.
Allem gebührt Liebe, Dankbarkeit und Achtung.

Können wir den Gegenstand, den unser Herz begehrt, nicht haben, stimmt uns das meist traurig. Doch viele Menschen erfreuen sich dennoch nicht, wenn sie endlich einen langersehnten Gegenstand bekommen. Dann begehren sie plötzlich etwas anderes oder sie erkennen das Wertvolle an ihrem neuen Besitz nicht mehr an. Dann achten sie den Gegenstand auch nicht wirklich.

Ich möchte Ihnen dies anhand eines Beispiels veranschaulichen: Eine Frau wohnte mit ihrem Mann und ihren zwei Kindern in einer kleinen Wohnung. Ihr größter Wunsch war es, in einem Haus mit eigenem Garten zu wohnen. Immer wieder besichtigte die Frau mit ihrem Mann daher Häuser. Doch diese waren immer zu teuer. Eines Tages wurde eine wunderschöne Doppelhaushälfte frei, deren Vermieter mehr Wert auf ordentliche Mieter als auf hohe Mieteinnahmen legte. Endlich konnte die Frau mit ihrer Familie in ein Haus ziehen. Die Kinder hatten eigene große Zimmer, und die

Eltern mussten nicht mehr in einem umfunktionierten Kinderzimmer schlafen. Das Wohnzimmer, der Garten und der Keller waren geräumig, und durch die bessere Anbindung an die nächste Großstadt war die Lage optimal. Eigentlich war alles perfekt. Der Traum dieser Frau war in Erfüllung gegangen. Sie fing jedoch an, sich darüber aufzuregen, dass sich die alte Wohnung nicht schnell genug verkaufen ließ. Außerdem sei das Haus zu groß, und daher gebe es so viel zu putzen. Das Geld reichte nicht aus, um essen zu gehen oder zu verreisen. Es gab plötzlich sehr viele Gründe, warum das Haus nicht die Erfüllung ihrer Wünsche, sondern nur eine Belastung für sie war.

Sie hat das Haus nie geschätzt. Bis heute schätzt sie es nicht, endlich ihren Traum erfüllt zu haben. Sie hat das Haus nie geliebt und geachtet. Sie hat nur noch das Negative gesehen anstatt das, was das Haus ihr hätte geben können – Freude und Glück. Mittlerweile ist sie aus dem Haus ausgezogen, zurück in eine Wohnung ohne Garten.

Menschen wie diese Frau könnten in einer Villa und mit sehr viel Geld leben und wären dennoch nicht glücklich, denn sie achten und lieben nicht, was sie haben, sondern sehen diese Dinge als selbstverständlich an. Sie denken nicht darüber nach, wie es sich anfühlte, als sie gewisse Dinge noch nicht hatten. Sie bedenken nicht, dass die Dinge um sie herum dazu da sind, sie glücklich zu machen, und nicht einfach nur grundlos vorhanden sind. Was wir haben, ist niemals selbstverständlich. Wir können im Leben allen möglichen Luxus erwerben, aber wir können ihn auch jederzeit schnell wieder verlieren. Daher müssen wir ihn mit jeder Faser unseres Herzens genießen und lieben, solange wir es können. Seien wir froh über alles, was wir haben, egal, was es ist, denn es gibt viele Menschen auf der Welt, die weniger haben als wir. Und es gibt viele, die mehr haben als wir, aber im Herzen arm sind, weil sie ihren Reichtum nicht zu schätzen wissen. Jeder Mensch hat immer genau so viel, wie es für ihn in diesem Moment richtig ist und er für seine Entwicklung braucht.

Erfreuen Sie sich an Ihrer Wohnung oder an Ihrem Haus, auch wenn es nur gemietet ist. Lieben Sie Ihre Möbel, Ihren Fernseher, Ihr Geschirr, Ihre Vorhänge, Ihre Pflanzen, Ihren Schmuck, Ihr Auto und Ihre Reisen, lieben Sie alles, denn es ist nur für Sie auf dieser Welt. Es ist da, um Ihnen eine Freude zu bereiten und um Ihnen zu gefallen. Doch die Energie dieser Gegenstände versiegt, sobald Sie sie nicht weiter mit positiven Impulsen versorgen. Irgendwann erlischt dann der Glanz der Dinge. Sie können allem Energie und Leben einhauchen. Das ist das Besondere an uns Menschen und unterscheidet uns von Gegenständen, die auf unsere Fürsorge, Pflege und Bewunderung angewiesen sind. Das ist das Geheimnis des Lebens.

Der menschliche Körper und Energie

Unser Körper besteht aus vielen Energiewirbeln, die uns zusammenhalten.

Unsere Existenz lässt sich auf viele Energiewirbel zurückführen, die uns zusammenhalten und unseren physischen Körper bilden. Dies ist die vereinfachte Erklärung aus dem Bereich der Quantenphysik. Die biologische Sichtweise ist ähnlich: Der physische Körper besteht aus ca. 50 Billionen Zellen, die eine Gemeinschaft bilden und gemeinsam ums Überleben kämpfen. Dabei ist jede einzelne Körperzelle fähig, allein zu überleben durch Reaktion und Anpassung an ihre Umgebung. Jede Zelle registriert und verarbeitet Tausende von Umweltreizen, was den Körper eine Unmenge an Energie kostet. Daher haben sich die Zellen zusammengeschlossen und kämpfen im Verbund, damit nur noch ein Teil der Zellen auf die Reize der Umgebung reagieren muss. So kann die kostbare Energie in anderen Zellen gespart und für andere Aufgaben zur Verfügung gestellt werden. Wichtige Energie steht dadurch für Entwicklung und Wachstum der Seele zur Verfügung.

Die Umgebung eines Menschen prägt seine einzelnen Zellen sowie seinen gesamten Organismus.

Dies wurde durch zahlreiche wissenschaftliche Studien bewiesen. Umweltreize prägen unsere Feinabstimmung, und dieser Einfluss wird von Generation zu Generation weitergegeben.

Die Lebenserfahrung der Eltern beeinflusst die Gene ihrer Kinder.

Diese Erkenntnis ist für jeden wichtig, der bereits Kinder hat oder welche bekommen möchte. Daher ist die Verantwortung von Eltern sehr groß. Außerdem ist ein gesundes Lebensumfeld sehr wichtig für unsere Kinder.

Jede einzelne Körperzelle sucht sich eine Umgebung aus, die ihr Überleben fördert, und meidet lebensbedrohliche Situationen. Die Zellen lernen durch Erfahrungen mit der Umgebung. Sie speichern zelluläre Erinnerungen und geben diese bei der Fortpflanzung weiter. Diese biologische Erkenntnis lässt sich auf den ganzen menschlichen Organismus übertragen.

Je besser ein Organismus seine Umgebung wahrnimmt, desto größer sind seine Überlebenschancen.

Kleine Kinder sollten mit allen Sinnen ihre Umwelt erleben dürfen. Je mehr Reize ein Kind verarbeiten kann, desto besser passt es sich an seine Umwelt an. Kinder, die sich stets nur drinnen aufhalten, haben daher nur wenig Möglichkeiten, sich zu entwickeln.

Mittlerweile weiß man, dass Krebs- und Herzerkrankungen in nur fünf Prozent der Fälle auf erbliche Veranlagungen zurückzuführen sind. Dies stellte W. C. Willett 2002 in seiner Studie *Balancing Life-Style and Genomics Research for Disease Prevention* fest. Diese Tatsache trifft auch auf Brustkrebs zu, obwohl die Medien immer noch den Irrtum verbreiten, dass diese Krebsart erblich bedingt sei. Viel entscheidender bei der Entstehung von Krebserkrankungen sind, laut mehrerer wissenschaftlicher Untersuchungen, jedoch umweltbedingte, epigenetische Veränderungen.

Jeder Mensch hat sein eigenes Energiefeld, sozusagen seine eigene energetische Signatur.

So wie die Fingerabdrücke und die DNA von Mensch zu Mensch unterschiedlich sind, unterscheiden sich auch unsere energetischen Abdrücke voneinander.

Hunde können über große Entfernungen hinweg einen bestimmten Menschen finden. Dies soll am einzigartigen Geruch eines Menschen liegen. Ich persönlich glaube jedoch eher, dass Hunde die Energie eines Menschen wahrnehmen können und der Geruch dabei nur eine Nuance darstellt. Hunde sind allgemein sehr feinfühlig und spüren jede energetische Veränderung in ihrer Bezugsperson. Sie wissen auch stets, wenn von ihnen die Rede ist, wenn ihr Herrchen oder Frauchen Trost braucht oder wenn sie zum Tierarzt gefahren werden. Viele andere Tierarten verfügen ebenfalls über ein ausgeprägtes Energie-Warnsystem.

Die menschlichen Antennen dagegen sind viel abgestumpfter. Unser hektisches Leben führt zu einem Verlust unserer feinen Sinne. Die Sensoren werden immer wieder mit lauten Geräuschen und mit künstlicher Gefahr, etwa durch animierte Elektronikspiele oder Horrorfilme gereizt, bis sie auf die natürlichen energetischen Reize nicht mehr reagieren. Wir können dann das Rauschen des Windes nicht mehr hören oder spüren nicht mehr, wenn ein Unglück droht. Dies sollte uns alle beunruhigen. Es wäre das Ende der Menschlichkeit, wenn wir dadurch auch den Bezug zu den anderen Menschen verlieren würden. Der Mensch wäre dann nicht mehr in der Lage, auf andere einzugehen.

**Hat ein Mensch den emotionalen Bezug zu seiner Umwelt
verloren, ist er auch energetisch nicht mehr mit ihr verbunden.**

Da wir dieses Problem selbst erschaffen haben, können nur wir
selbst es auch wieder lösen.

**Wir müssen wieder ein Gespür für uns,
die Energie und das Leben entwickeln.**

Die Antennen sind immer noch in unserem Körper vorhanden.
Wir müssen lediglich dafür sorgen, dass wir die Energien um uns
herum wieder wahrnehmen können, und unsere energetische
Verbindung zu unserer Umwelt wieder aufbauen. Wir müssen
uns an die wesentlichen Dinge erinnern. Tief im Inneren kennen
wir sie. Sie schlummern dort im Verborgenen und warten nur darauf, an die Oberfläche zu gelangen und uns den Weg zum Ziel
zu weisen. Sie wollen uns führen, denn dafür sind sie vorgesehen.
Wir müssen lernen, auf die zarten Empfindungen in unserem Inneren zu achten.

Die Sensoren von Naturvölkern sind meist viel feinfühliger als
unsere, wodurch diese Völker zu den erstaunlichsten Dingen
fähig sind. Aber auch andere Gruppen mit außergewöhnlichen
Fähigkeiten leben in unserer Welt, wie zum Beispiel die Shaolin-
Mönche. Sie haben eine andere Verbindung zu ihrer Umwelt als
der durchschnittliche westliche Mensch. Diese Menschen sind
wirklich reich.

Der wahre Reichtum des Lebens ist Friede, Glück und Energie.

Der physische Körper

Der physische Körper dient unserer Seele dazu, Frieden, Glück und Energie zu erreichen. Wir dürfen uns jedoch nicht von ihm abhängig machen. Die physischen Körper sind so verschieden, wie wir Menschen selbst. Wichtig ist nur eins: Den perfekten Körper gibt es nicht. So verschieden wie wir alle sind, so verschieden sind auch die Geschmäcke der Menschen. Für jeden ist etwas anderes wichtig. Jeder hat seine Bestimmung, und jeder kann sein Glück finden, egal, wie sein Körper aussieht.

Der physische Körper ist lediglich eine Verpackung.
Die Seele macht den Menschen aus.

Das Innere ist das, worauf es ankommt. Verlassen Sie sich niemals nur auf das Äußere, denn oft ist es nur ein Schein und nicht das wahre Gesicht der Seele. Seien Sie dankbar für den Körper, den Sie haben. Auch, wenn er Ihnen nicht perfekt erscheint, bietet er Ihnen die Möglichkeit, dieses Leben zu leben. Ohne ihn wären Sie nicht hier.

Achten Sie daher auf ihn, und lieben Sie ihn, und er wird es Ihnen danken. Es ist nicht das Aussehen, sondern es sind Glück und Frieden, die einen Menschen zum Leuchten bringen. Es ist die Liebe zum eigenen Ich, zum eigenen Körper, die dafür sorgt, dass alle Energiewirbel im Gleichklang schwingen und den Körper strahlen lassen.

Achten Sie auf eine harmonische Schwingung.
Nur dann ist Ihr Körper gesund.

Lieben Sie sich, Ihr Innerstes, Ihre Seele und Ihren Körper. Jeder Mensch ist ein Wunder. Auch Sie sind schön. Stellen Sie sich vor den Spiegel, und sehen Sie hinein. Schauen Sie nicht auf die äußere Verpackung, sehen Sie das Geschenk dahinter, das Geschenk des Lebens, Ihre Seele. Sehen Sie, wie wundervoll sie ist? Wie einzigartig? Das sind Sie. Nur das ist notwendig, um glücklich zu sein. Blicken Sie tief in Ihre Augen, denn diese sind der Eingang zu Ihrer Seele. Betrachten Sie Ihr Innerstes lang und ausgiebig. Ihre Seele ist rein, schön und gut.

Verleugnen Sie nicht Ihre Seele,
denn sonst verleugnen Sie sich selbst.

Die Seele

Entwickeln Sie Ihre Seele. Sie weiß genau, was das Richtige für Sie ist. Sie kennt Ihre wahren Aufgaben. Sie kennt den Weg zum Ziel. Hören Sie auf sie, und leben Sie nach dem, was sie Ihnen sagt. Niemals wird Ihnen Ihre Seele etwas Schlechtes vorgeben – im Gegenteil:

Sie können Ihrer Seele blind vertrauen.

Und das können Sie nur bei Ihrer Seele, bei niemandem sonst. Wenn Sie Ihre Seele entwickeln, ändert sich die Schwingungsfrequenz im ganzen Körper.

Je höher Ihre seelische Entwicklung ist, desto schneller schwingen die Energiewirbel und umso strahlender wird Ihr Körper.

Unsere seelische Entwicklung ist das einzig wichtige Ziel, das wir verfolgen sollten. Verlieren Sie es niemals aus den Augen. Denn alles, was bleibt, wenn wir am Ende unseres Lebens diese Welt verlassen, ist unsere Seele. Alles andere verliert an Bedeutung, sofern es überhaupt je eine hatte. Wir haben immer nur geglaubt, dass dieses oder jenes wichtig sei. Doch am Ende unseres Lebens stellen wir fest, dass nur eines Bedeutung hat: unsere Seele.

Am Ende des Lebens zählt nur, ob wir unserer Seele den Raum für Reife und Entwicklung gelassen haben.

Nur die Frage ist wichtig, ob wir dieses kostbare Leben, das wir nun zurücklassen müssen, wirklich genutzt haben, ob wir in jedem kostbaren Augenblick unserem wirklichen Ziel – einer reinen, leuchtenden Seele – nähergekommen sind oder ob wir uns selbst verleugnet, nicht auf unser Innerstes gehört, Fehler gemacht und Ballast in unserer Seele angehäuft haben. Seelischer Ballast wirkt während des ganzen Lebens wie eine Barriere und sperrt unsere Seele hinter eine Mauer. Er verhindert das Leuchten unserer Seele und kostet uns nur unnötige Energie.

Fremde Energiefelder

Jedes Energiefeld, mit dem wir in Kontakt kommen, kann unser eigenes beeinflussen. Fremde Energiefelder können unsere Schwingungsrate erhöhen oder verlangsamen. Dies kann durch unsere Umgebung geschehen, aber auch durch Menschen, mit denen wir uns umgeben. Diese interessante Erkenntnis ist die wissenschaftliche Grundvoraussetzung für die Wirksamkeit von energetischen

Behandlungsmethoden. Ein Aufenthalt in der unberührten Natur gibt uns Kraft. Je länger wir friedliche Orte genießen, desto mehr Energie nehmen wir in uns auf und desto besser gefüllt sind unsere Energiereserven für den oft anstrengenden Alltag.

Mitmenschen, mit denen wir in Kontakt kommen, können uns energetisch weiterbringen, uns jedoch leider auch blockieren.

Manche Menschen sind so anstrengend, dass wir uns nach einem Kontakt mit ihnen regelrecht müde und ausgelaugt fühlen. Andere Menschen versorgen einen mit so viel Positivem, dass man sich anschließend frisch und leicht fühlt.

Achten Sie auf Ihre Umgebung. Setzten Sie sich nicht unnötig niedrigen Energiefeldern oder disharmonischen Schwingungen aus. Sorgen Sie für positive und gute Energie in Ihrer Umgebung. Verbinden Sie sich mit ihr, und tanken Sie sich auf. Treffen Sie sich mit Menschen, die Ihnen guttun, und beleben Sie sich gegenseitig mit Energie.

Energiesysteme im Körper

Neben den zahlreichen Energiewirbeln, die durch ihre Schwingung für den Aufbau des menschlichen Körpers verantwortlich sind, verfügt der Mensch über verschiedene Energiesysteme. In der Traditionellen Chinesischen Medizin (TCM) spricht man von Energieleitbahnen, die durch den Körper fließen. Bekannt sind sie auch als Meridiane. An den Stellen, an denen diese Bahnen zusammenlaufen, befinden sich spezielle Energiepunkte, die in der Akupunktur ihre Anwendung finden. Jeder Punkt beeinflusst einen speziellen Bereich des Körpers.

Größere Energiepunkte, die sogenannten Chakren, sollen einen besonderen Einfluss auf unsere Gesundheit haben. Entlang der Wirbelsäule befinden sich die sieben Hauptchakren. Die Chakren in den Händen und den Füßen zählen zu den Nebenchakren.

Unser physischer Körper strahlt einen Teil seiner Energie nach außen ab. Dieses Feld um den physischen Leib wird Aura genannt und besteht aus mehreren Schichten.

Diese Energiesysteme werden in der Literatur hinreichend beschrieben. Was jedoch meist fehlt, ist eine Beleuchtung des Zusammenhangs zwischen Chakren, Aura und Meridianen. Da alle Systeme in uns vorhanden sind, finde ich die Verbindung der Systeme untereinander interessant, zumal die wenigsten Leser über hellsichtige Fähigkeiten verfügen dürften. Daher wird es selten einem Leser gelingen, die Aura in ihren verschiedenen Schichten, Farben und Störungen zu sehen oder die Hauptchakren in ihrem Aufbau, ihrer Drehrichtung und ihren unterschiedlichen Farben zu erkennen. In den folgenden Kapiteln möchte ich Ihnen den energetischen Zusammenhang daher so darstellen, wie ich ihn sehe.

Zur Kommunikation auf höheren Ebenen wird ein System benötigt, welches höhere Schwingungen empfangen kann und gleichzeitig ein Resonanzfeld aufbaut, in dem die Schwingungen aufgefangen und verarbeitet werden können. Über dieses System verfügt auch der Mensch.

Lebensenergie

Immer wieder ist die Rede vom Lebensatem, Prana oder Qi. Gemeint ist dabei immer das Gleiche: die Lebensenergie. Der Begriff der Lebensenergie ist in vielen Kulturen bekannt. Auf physischer Ebene bezeichnet man Prana als Vitalität, in Form von integrierender Energie, die Zellen und Moleküle koordiniert und zu einem bestimmten Organismus zusammenfügt.

Ohne Lebensenergie könnte kein physischer Körper als Ganzes existieren.

Ein Körper ohne Lebensenergie wäre lediglich eine Ansammlung einzelner, voneinander unabhängiger Zellen. Prana, oder die Lebensenergie, ist daher die Voraussetzung für unsere Existenz. Jeder lebende Organismus muss diese Energie aufnehmen, denn eine starke Unterversorgung führt zur Erschöpfung und ein längerer Mangel schließlich zum Tod. Obwohl es sich bei der Lebensenergie nicht um Wärme oder Licht handelt, scheint sie sehr stark vom Sonnenlicht abzuhängen. Bei viel Sonnenlicht gibt es viel Lebensenergie, bei fehlendem Sonnenlicht fehlt auch das Prana. Aus diesem Grund erleben viele Menschen im Winter vermehrt Lethargie und Depressionen.

Die der Sonne entströmende Kraft des Prana dringt in ein Atom ein, lässt es glühen und erhöht seine Anziehungskraft um das Sechsfache, sodass sich sofort sechs weitere Atome mit ihm verbinden. An einem sonnigen Tag bildet sich eine unendliche Zahl solcher Energiekugeln, die durch die Atmosphäre schießen. Bei fehlendem Sonnenlicht, etwa an einem bewölkten Tag, kommt es zu einer starken Abnahme solcher Vitalitätskugeln in der Atmosphäre.

Energiehaushalt

Für einen gesunden Organismus brauchen wir Energie. Wir müssen uns diese Energie regelmäßig zuführen und die stillen Reserven auffüllen, damit wir bei Bedarf mehr Energie haben.

Immer wieder gibt es Situationen im Leben, die uns viel abverlangen, die uns auslaugen und auszehren.

Dies macht sich auch im Energiehaushalt bemerkbar. Gelingt es uns nicht rechtzeitig, die leeren Energiedepots wieder aufzufüllen, gelangen wir in einen energetischen Teufelskreis, aus dem zu entrinnen sehr schwierig ist. Oft merken die Menschen erst nach dem Auffüllen ihrer leeren Energiedepots, wie viel besser es ihnen nun geht. Während des Mangels ging es ihnen zwar nicht gut, aber das Defizit war nur schwer zu erkennen.

Es entsteht ein Gewöhnungseffekt, wenn Menschen über einen längeren Zeitraum hinweg energiedefizitär leben.

Der Organismus fährt nach und nach immer mehr Funktionen herunter, um weiter bestehen zu können. Dies ist nicht gesund, und ähnlich wie bei einem Vitaminmangel spürt der Mensch nur die Spitze des Eisbergs.

Das Energiedefizit selbst ist meist jedoch viel höher, als es nach außen hin sichtbar ist.

Der Person geht es immer schlechter, je länger das Energiedefizit andauert, sowohl in physischer als auch in psychischer Hinsicht. Manchmal ist Hilfe von außen notwendig, um die leeren Energiedepots wieder aufzufüllen und die Energiesysteme wieder in den richtigen Fluss zu bringen.

Es gibt verschieden Gründe, aus denen Menschen in der heutigen, schnelllebigen Zeit einen erhöhten Energiebedarf haben.

Diese sind etwa Stress, falsche Ernährung, mangelnde Bewegung und eine Unterversorgung mit Sauerstoff. Andere Gründe sind ungelöste Probleme, Ärger, Frust, Angst und weitere sogenannte negative Emotionen. Durch einen »guten« Lebensstil kann sich der Mensch in höhere Schwingungen versetzen. Dabei stehen Liebe, Mitgefühl, eine positive Ausstrahlung, innere Schönheit, Meditation, Gebete und geistige Reinheit im Vordergrund.

Je höher die Schwingungen sind, in die wir uns versetzen, desto mehr Energie fließt in uns, und desto einfacher ist es, höhere Bewusstseinszustände zu erreichen.

Um dorthin zu gelangen, brauchen wir aber zuerst eine zusätzliche Portion an Energie für den »Anschub«. Jeder Mensch ist in der Lage, Energien in seinen Körper zu leiten. Wenn Menschen sich zu einer Gruppe zusammenschließen, vergrößert sich diese Wirkung. Jede Ansammlung von Menschen, vor allem wenn alle Mitglieder einer Gruppe den gleichen Gedankenstrom aussenden, potenziert die Energie. Das ist auch der Grund, aus dem Besucher einer Kirche den tiefen inneren Frieden spüren können, der durch ihre Mitbesucher verursacht wird, oder Meditationen in Gruppen oft effektiver sind als in Einzelsitzungen.

Das Ziel eines jeden Menschen sollte seine persönliche Entwicklung sein. Dadurch steigt das Bewusstsein des eigenen Selbst, die Erhabenheit über alle Dinge, wie Probleme und Schwierigkeiten, und die Fähigkeit, bewusst Energie aufzunehmen.

**Je weiter wir uns entwickelt haben,
desto leichter können wir unsere Umgebung beeinflussen
und unser »Traum«-Universum erschaffen.**

Eine große Gefahr stellt jedoch der Energiemissbrauch dar. Die Fähigkeit, aus anderen Energie zu gewinnen, sollte niemals dazu benutzt werden, sich auf Kosten anderer Menschen einen persönlichen Vorteil zu verschaffen. Die eigenen Motive und die unserer Mitmenschen müssen immer wieder hinterfragt werden, ansonsten ziehen wir energetisch ebenfalls Menschen und Situationen an, die uns schaden wollen. Dabei wird auf Dauer auch der seelischen Entwicklung geschadet. Welche Arten von Energieraub es gibt und wie Sie sich davor schützen können, erfahren Sie noch in diesem Buch.

Energiebahnen im Körper

Energie ist der wesentliche Faktor für unser
Wohlbefinden und fließt in unserem Körper.

In Asien erkannte man bereits sehr früh Energie als wesentlichen Faktor für das Wohlbefinden. In der TCM spricht man von zahlreichen Energiekanälen im Körper, in denen die Lebensenergie fließt. Diese Kanäle sind die sogenannten Meridiane der TCM oder Nadis, wie sie im Sanskrit bezeichnet werden. Es gibt zwölf Hauptmeridiane, auf denen die Akupunkturpunkte liegen. Jeder Meridian ist einem Organ oder Organsystem zugeordnet. Laut der TCM kann der Körper nur gesund sein, wenn das Qi in den Meridianen frei und ausreichend fließen kann.

Die zwölf Hauptmeridiane sind unterteilt in sechs Yin-Meridiane, die von den Zehen zum Rumpf und von dort zu den Fingern fließen, sowie sechs Yang-Meridiane, deren Fließrichtung von den Fingern zum Gesicht und von dort zu den Zehen verläuft.

In den indischen und tibetischen Lehren wird von Verbindungspunkten oder Relaisstationen gesprochen, die die Energieströme entlang den Meridianen verteilen. Sie sind besser bekannt als Chakren (Energiezentren).

Energiezentren im Körper

Die Chakren ermöglichen den Austausch zwischen dem Innen und dem Außen.

Unser Körper verfügt über sieben Hauptenergiewirbel, die erwähnten Chakren. Diese liegen an einem Energiekanal entlang dem Rückenmark. Zwei weitere Energiekanäle befinden sich an den beiden Körperseiten. Der Kanal auf der rechten Körperseite enthält männliche Energie (yang), der auf der linken Seite weibliche (yin). Beide seitlichen Kanäle kreuzen siebenmal den Kanal im Rücken und bilden an den Kreuzungspunkten die sieben Hauptchakren. Diese entsprechen ungefähr den endokrinen Drüsen des Körpers.

Die sieben Hauptchakren

Die sieben Hauptchakren unterscheiden sich voneinander in der Farbe, der Schwingungsfrequenz und der Art, auf die sie feinstoffliche Energien akkumulieren.

Die Chakren nehmen Energien aus der Umgebung in sich auf, von Mitmenschen, Tieren, Pflanzen, der Natur, der Sonne, dem Mond, den Gestirnen und dem ganzen Kosmos. Jedes Chakra ist der Mittelpunkt für Tausende feinstofflicher Energiebahnen im Körper, über die aufgenommene und umgewandelte Energie im gesamten Organismus verteilt wird. Dadurch kann die zugeführte Energie für körperliche und seelische Prozesse zur Verfügung gestellt werden. Der Mensch ist zusätzlich in der Lage, positive Energie nach außen abzugeben und somit Einfluss auf seine Umgebung auszuüben.

Jedes Chakra besteht aus verschiedenen Schichten, die sich gegenseitig durchdringen. Dabei wird die Energie aus höheren Welten über das Zentrum der Chakren zum physischen Körper geleitet. Zunächst entsteht ein wirbelartiger Sog, danach öffnet sich das Chakra. Wenn sich ein Energiezentrum zu früh öffnet und die Energie gewaltsam in den physischen Körper fließt, kann es passieren, dass sich das Chakra nicht mehr schließen kann und es dadurch zu Problemen kommt, weil der Körper durch die Masse an plötzlich zur Verfügung stehender Energie überfordert ist.

Öffnen sich die Energiezentren zum richtigen Zeitpunkt, ist der Mensch zu den unglaublichsten Dingen, wie Hellsichtigkeit oder Hellhören, fähig.

Je nach Beschaffenheit des physischen Körpers pulsieren die Chakren in einem bestimmten Rhythmus. Zum Beispiel fördert häufiges Tanzen oder Joggen die unteren Chakren, und regelmäßige Vorträge aktivieren das Halschakra. In den Akupunkturpunkten bewegt sich die Energie spiralförmig. Wird die Spirale zu eng, kommt es zum Energiestau.

Jede Störung der Energie betrifft den gesamten Körper und nicht nur den Teil, in dem sie auftritt.

Unser physischer Körper ist nämlich ein zusammenhängendes Gebilde, in dem unentwegt Interaktionen stattfinden. Die Kräfte, die durch die Chakren fließen, sind lebensnotwendig für den Ätherkörper. Der jeweilige Entwicklungsgrad dieser Energiezentren unterscheidet sich beachtlich von einem Menschen zum anderen. Sind die Chakren unterentwickelt, wie das zum Beispiel auch immer bei

Neugeborenen der Fall ist, schimmern sie nur schwach, und die Ätherteile bewegen sich sehr träge, gerade genug, damit ein Wirbel gebildet werden kann.

Bei fortgeschrittenem Entwicklungsgrad
strahlen die Chakren wie Sonnen.

Ihre Größe variiert zwischen fünf und fünfzehn Zentimetern im Durchmesser. Die Chakren des Ätherkörpers haben zwei Aufgaben: Sie nehmen die Lebensenergie auf und verteilen sie anschließend im physischen Körper und im Ätherkörper, um sie lebendig zu erhalten. Weiterhin speichern sie die Erinnerungen an das astrale Leben im physischen Gehirn. Es gibt sieben verschiedene Arten von Prana, die in allen Chakren vorhanden sind. Dennoch überwiegt stets eine davon in jedem Chakra. Im Folgenden werden die sieben Hauptchakren, ihre Lage und ihr Aufbau sowie die mit ihnen zusammenhängenden zentralen Themen vorgestellt.

Das erste Chakra: Wurzelchakra

Das erste Chakra befindet sich an der Basis der Wirbelsäule. Seine Primärkraft erstrahlt in vier Speichen und teilt so das Zentrum in vier Quadranten ein. Es erscheint wie ein Kreuz und wird auch oft symbolisch so dargestellt. Wenn dieses Zentrum arbeitet, leuchtet es in einem feurigen Orangerot. Es bezieht seinen Vitalitätsstrom aus dem Milzchakra. Von dort erhält es vor allem dunkelrote und orangefarbene Pranaanteile, aber auch ein wenig dunkles Violett. Der orangerote Strahl aus diesem Chakra fließt zu den Geschlechtsorganen und belebt die Sexualität. Zusätzlich scheint er auch ins

Blut einzutreten und die Körpertemperatur aufrechtzuerhalten. Die in der Literatur oft erwähnte Kundalini oder Schlangenkraft hat ihren Sitz im Wurzelchakra.

Das erste Chakra ist die Basis für alle anderen Chakren, es verbindet uns energetisch mit der Erde. Eine Entwicklung der oberen Chakren ohne das Wurzelchakra ist immer gefährlich, denn in diesem Fall verlieren wir, im wahrsten Sinne des Wortes, den Boden unter den Füßen. Wir schweben nur noch in höheren Sphären, finden uns jedoch in unserer Welt nicht mehr zurecht. Häufig bekommen Menschen, denen das passiert, psychische Probleme.

Zusammen mit dem zweiten Chakra ist das erste Chakra der wichtigste Energielieferant für unseren Organismus.

Lage und Aufbau: an der Basis der Wirbelsäule auf Höhe des Steißbeins; vier Blütenblätter

Zentrale Themen: Überleben, Sicherheit, Urvertrauen, Erdung, Selbsterhaltung, Lebenswille, Stabilität

Das zweite Chakra: Milzchakra oder Sakralchakra

Das zweite Chakra ist energetisch gesehen das wichtigste, denn es ist für die Aufnahme der Lebensenergie und deren Verteilung im ganzen Körper zuständig.

Das zweite Chakra besitzt sechs Speichen, Blütenblätter oder Schwingungsfelder. Jede davon stützt sich auf eines der verschiedenen Atome und gibt es an das entsprechende Chakra oder den Körperteil weiter, in dem es benötigt wird. Das siebte, rosarote Atom durchwandert das Zentrum des Milzchakras und wird von dort aus im Nervensystem verteilt. Dabei handelt es sich um das Ursprungsatom, welches die anderen sechs Atome zu sich gezogen hat, um das Vitalkügelchen zu bilden. Die rosafarbenen Atome sind das Leben des Nervensystems und können auf andere Menschen übertragen werden. Sind die Nerven eines Menschen nicht ausreichend mit der rosafarbenen Lebensenergie versorgt, werden diese ruhelos und leicht reizbar. Wenn die mit Prana aufgeladenen Atome ihren Bestimmungsort erreicht haben, wird ihnen sofort die Energie entzogen. Durch das Prana werden der Ätherkörper und der physische Leib mit Leben versorgt.

Der Gesundheitszustand der einzelnen Körperteile
ist von der Menge der zugeführten Vitalität abhängig.

Je weiter die rosafarbenen Atome strömen, desto blasser werden sie, bis sie schließlich den Körper wieder verlassen, etwa durch die Poren. Dadurch entsteht die sogenannte Gesundheitsaura, eine blasse, bläulichweiße Ausstrahlung um den Menschen herum.

Wenn ein Mensch gesund ist,
strömt die nicht benötigte Lebensenergie von seinem Körper weg,
und er stellt eine Energiequelle für seine Umgebung dar.

Eine Person, die nicht genügend Vitalität für sich selbst erzeugt, kann auf ihre Mitmenschen wie ein Energieschwamm wirken. Daher fühlen wir uns oft erschöpft, wenn wir eine Zeit lang neben einem Menschen gesessen haben, der selbst nicht stark ist.

Lage und Aufbau: etwas unterhalb des Bauchnabels; sechs Blüten-blätter

Zentrale Themen: schöpferische Lebensenergie, Kreativität, Sexuali-tät, Fortpflanzung, Arterhaltung, Sinnlichkeit

Energieversorgung: Geschlechtsorgane, Unterleibsorgane, Gebär-mutter, Nieren, Blase, Beckenraum, Kreuzbeinbereich, Blutkreis-lauf, Lymphsystem, Samenflüssigkeit, Urin, Entgiftung über Harn-wege, Drüsenfunktion der Hoden und der Eierstöcke.

Das dritte Chakra: Nabelchakra oder Sonnenchakra

Das dritte Chakra ist besonders energiereich. Es teilt sich in zehn Schwingungsfelder oder Blütenblätter, strahlt durch den ganzen Körper und versorgt ihn mit Prana. Die in ihm vorherrschende Farbe ist eine Mischung verschiedener Rottöne. Zusätzlich erhält es einen grünen Strahl vom Milzchakra, welcher anschließend den Bauchraum durchflutet und Leber, Nieren und Verdauungsorgane belebt. Von diesem Zentrum geht eine vitale, feurige Kraft aus. Es verleiht uns Energie und Lebendigkeit. Bei einem gut entwickelten Nabelchakra sind die Menschen in der Lage, eine starke Persön-lichkeit auszuprägen, und sie sind dabei gleichzeitig mitfühlend und sensibel. Diese Menschen handeln oft sehr spontan, aus dem Bauch heraus, und treffen mit ihrer Intuition meist ins Schwarze. Das dritte Chakra steht in engem Zusammenhang mit Gefühlen und Emotionen.

Sobald dieses Zentrum aktiviert ist, beginnt der physische Körper, astrale Einflüsse bewusst wahrzunehmen.

Er bemerkt beispielsweise verdeckte Freundlichkeit und Feindseligkeit und empfindet, ohne offensichtlichen Grund, Orte als angenehm oder unangenehm.

Lage und Aufbau: oberhalb des Bauchnabels, im Bereich des Magens und des Solarplexus; zehn Blütenblätter

Zentrale Themen: Selbstvertrauen, Selbstkontrolle, Durchsetzungskraft, Entwicklung des Ich, Willenskraft, Persönlichkeit, Macht, Sensibilität, Gefühle

Energieversorgung: Speicherort für viel Lebensenergie, Magen, Dünndarm, Leber, Gallenblase, Bauchspeicheldrüse, Verdauungsprozesse, vegetatives Nervensystem

Das vierte Chakra: Herzchakra

Das vierte Chakra besitzt zwölf Speichen. Es wird symbolisch in Grün mit einem goldfarbenen Strahl dargestellt, weil es aus dem dritten Chakra einen gelben Strahl erhält. Strömt dieser kraftvoll hinein, so stärkt und reguliert er die Herztätigkeit. Der Strahl dringt ins Blut ein und zirkuliert durch den gesamten Körper bis zum Gehirn.

Wenn dieses Zentrum aktiviert wird, befähigt es den Menschen, die Gefühle anderer Astralwesen zu erfassen und diese instinktiv zu verstehen.

Gleichzeitig vermittelt es die Freude und das Leid anderer. Das Herzchakra repräsentiert die Kraft der wahren Liebe. Dabei geht es nicht um sinnliche Liebe, sondern vielmehr um eine Bewusstseinsstufe, bei der Mitgefühl und Selbstlosigkeit im Vordergrund stehen. Es geht um vollkommene Harmonie und Ausgeglichenheit.

**Ein Mensch mit gut entwickeltem Herzchakra
ist mit seinen Mitmenschen verbunden.**

Er kann sich in andere hineinversetzen, hat ein tiefes Verständnis für sie und zeigt wahres Mitgefühl. Er überschreitet dadurch seine selbst gesetzten Grenzen und agiert mit Toleranz. Diese schließt die eigene Person mit ein, trotz all ihrer Schwächen und Makel.

Lage und Aufbau: in der Mitte der Brust, auf Höhe des Herzens; zwölf Blütenblätter

Zentrale Themen: Liebe, Menschlichkeit, Mitgefühl, Geborgenheit, Herzensgüte, Offenheit, Toleranz, Zuneigung

Energieversorgung: ganzer Brustkorb, Herz, Lunge, Blutkreislauf, Haut, Hände, Arme, obere Rückenpartie, Thymusdrüse (Immunabwehr)

Das fünfte Chakra: Halschakra

Das fünfte Chakra besitzt 16 Speichen, Blütenblätter oder Abteilungen. Es enthält viel Blau, doch im Allgemeinen schimmert es silbern. Der blauviolette Strahl kommt vom Milzchakra und teilt sich dann auf. Das lichte Blau strömt durch das Halschakra und belebt es, während Dunkelblau und Violett zum Gehirn fließen. Der blaue Strahl verleiht dem Hals Gesundheit und sorgt für Kraft und Elastizität der Stimmbänder, etwa bei Rednern oder Sängern. Der dunkelblaue Strahl erschöpft sich im unteren und mittleren Gehirn, während der violette Strahl den oberen Gehirnbereich erfasst und dem Scheitelchakra besondere Kraft zuführt.

Gedanken und Emotionen spiritueller Natur scheinen weitgehend vom blauvioletten Strahl abzuhängen.

Durch Entfaltung des fünften Chakras ist der Mensch fähig, die Astralwelt zu hören. Dabei kann es sich um Stimmen, Musik oder andere Klänge handeln. Bei vollkommener Entfaltung spricht man von Hellhörigkeit. Dieses Chakra ist für Sprache und Kommunikation verantwortlich. Zusätzlich fungiert es als Bindeglied zwischen Herz- und Stirnchakra und sorgt damit für ein gesundes Gleichgewicht zwischen Fühlen und Denken.

Lage und Aufbau: auf Höhe des Kehlkopfes; 16 Blütenblätter

Zentrale Themen: Inspiration, Kreativität, Musikalität, Synthese, mentale Kraft, Kommunikation, Wortbewusstsein, Wahrheit

Energieversorgung: Hals, Kiefer, Kehlkopf, Speiseröhre, Luftröhre, Atmung, Klang der Stimme, Halswirbelsäule, Kiefer, Nacken, Schultern, Gehör, Schilddrüse, Nebenschilddrüse

Das sechste Chakra: Stirnchakra oder drittes Auge

Das sechste Zentrum liegt zwischen den Augenbrauen und besitzt 96 Speichen. Da es in zwei Hälften geteilt zu sein scheint, eine rosarote mit einem großen Anteil an Gelb und eine purpurblaue, spricht man in der indischen Literatur von nur zwei Blütenblättern. Die Entfaltung dieses Chakras verleiht die Fähigkeit, Wesen und Form astraler Gebilde wahrzunehmen. Bei vollkommener Entfaltung spricht man von Hellsichtigkeit.

**Je präsenter das dritte Auge ist,
desto stärker ist der Energiefluss in den Meridianen,
denn das Stirnchakra ist der Hauptschalter der Körperenergie.**

In diesem Chakra enden die zwei wichtigsten Energiebahnen des Körpers. Es ist für Intuition und Erkenntnis zuständig.

Lage und Aufbau: in der Mitte der Stirn, oberhalb der Nasenwurzel; zwei Blütenblätter

Zentrale Themen: Intuition, Erkenntnis, Selbsterkenntnis, Weisheit, Wahrnehmung, Fantasie, Vorstellungskraft

Energieversorgung: Kleinhirn, Augen, Ohren, Nase, Gesichtsbereich, Nebenhöhlen, Hormonsystem, Nervensystem, Hypophyse

Das siebte Chakra: Scheitelchakra oder Kronenchakra

Das siebte Zentrum liegt auf der Kopfmitte und weicht im Aufbau von den anderen Chakren ab. Es weist 960 Ausstrahlungen der Primärkraft auf. In der indischen Literatur wird es oft als 1000-blättriger Lotos beschrieben. Dieses Chakra verfügt über eine Art zentralen Nebenwirbel mit zwölf eigenen Schwingungsfeldern. Ist es vollkommen entfaltet, so erstrahlt es in hellem Glanz und vielen Farben. Sein innerer Teil hat ein golddurchsetztes Licht in seinem Herzen und schimmert weiß. Dieses Chakra empfängt den violetten Strahl, der durch das Halschakra fließt, und den gelben Strahl aus dem Herzzentrum. Nach der Aktivierung dieses Zentrums kann der Mensch bewusst seinen physischen Körper durch dieses Chakra verlassen und wieder in ihn zurückkehren, wobei das Bewusstsein stets erhalten bleibt. Die Tonsur in der katholischen Kirche diente beispielsweise dem einfacheren Verlassen des Körpers durch das Scheitelchakra. Die Hauptthemen dieses Chakras sind Selbstverwirklichung, Erleuchtung und Spiritualität. Eine intensive Erweckung dieses Chakras ohne ausreichende Aktivierung der anderen sechs Chakren kann jedoch zu einer Welt- und Realitätsflucht führen sowie Depressionen und Verwirrung hervorrufen. Die Kundalini-Energie steigt bei Erweckung vom ersten Chakra bis zum siebten Chakra an.

Lage und Aufbau: im Bereich des Schädeldachs und direkt in die Aura übergehend; 1 000 bzw. 960 Blütenblätter

Zentrale Themen: Spiritualität, Erleuchtung, Gotteserkenntnis, Selbstverwirklichung, Religiosität, Erfahrung geistiger Welten, kosmische Vereinigung, Verbundenheit mit dem Kosmos

Energieversorgung: Mittelhirn, gesamter Organismus, Epiphyse (Zirbeldrüse)

Die Nebenchakren

Zahlreiche kleinere Nebenzentren kommen überall im Körper vor (Handflächen, Fußsohlen, Knie, Ellbogen, Hüften, Schultern, Haut). Traditionelle Schriften sprechen von bis zu 88 000 Chakren. Jedes dieser Zentren ist zugleich Empfänger, Transformator und Sender: Die Nebenchakren nehmen fremde Energien auf, wandeln sie um und senden sie zurück in die Umgebung. Sie gleichen im Aussehen kleinen Wirbeln, etwa Haarwirbeln.

Durch die Nebenchakren kann der Mensch Weisheit und Einsicht erfahren sowie überhaupt erst Emotionen äußern.

Diese zahlreichen kleinen Chakren haben aber kaum einen Einfluss auf die ganzheitliche Entwicklung des Menschen. Durch die Aktivierung der sieben Hauptchakren wird gleichzeitig die Funktion der Nebenchakren verbessert.

Die Hand- und Fußchakren

Die Hände und Füße gelten als Mikrokosmos des Körpers. Durch sie kann der gesamte Organismus stimuliert werden. Dies kommt bei zahlreichen Therapieformen zum Einsatz, etwa bei Fußreflexzonenmassagen, Chakrayoga, Akupunktur, Ayurveda und Reiki.

Die Hand- und Fußchakren werden zu den Nebenchakren gezählt und stehen mit den sieben Hauptchakren in Verbindung. Die Handchakren liegen auf den Handflächen und sind die Bewusstseinszentren der Hände.

Menschen mit der Fähigkeit, andere zu heilen, haben meist gut entwickelte Handchakren.

Das Herzchakra ist mit den Handchakren verbunden. Wird eines von beiden angeregt, wirkt sich dies auch stimulierend auf das andere aus.

Die Fußchakren liegen in der Mitte der Fußsohlen.

Über die Fußchakren kommt es zu einem ständigen Energieaustausch zwischen den Kräften der Erde und unserem Organismus.

Die Fußchakren hängen mit dem Wurzelchakra zusammen. Die Energie aus der Erde wird in das erste Hauptchakra weitergeleitet. Aus diesem Grund ist Barfußgehen auf natürlichem Boden sehr gesund.

Chakren in unserem täglichen Leben

Sie haben nun viele Informationen über die einzelnen Chakren erhalten. Über jedes einzelne Energiezentrum gäbe es noch viel mehr zu erzählen, und sicherlich sind auch noch längst nicht alle Informationen in menschlicher Hand, denn zwischen Himmel und Erde gibt es gewiss mehr Geheimnisse, als der Mensch mit seinen fünf Sinnen erfassen kann.

Ein Versagen des Chakrasystems zieht weitreichende Folgen nach sich.

Obwohl man dieses System nicht anfassen, nicht sehen, noch nicht einmal fühlen kann, ist es vorhanden. Es verhält sich wie mit der Energie: Auch diese können wir nicht wirklich sehen und fühlen, aber dennoch ist sie vorhanden. Das Gleiche gilt für das energetische System, welches unseren Körper stärkt, mit neuer Energie versorgt und für sein Funktionieren verantwortlich ist. Es arbeitet für uns an jedem Tag, in jeder Stunde, in jeder Minute und in jeder Sekunde. In jedem Augenblick erhält es die energetische Funktion unseres Körpers aufrecht. Es ist eine wundervolle Einrichtung, die zur Unterstützung der einzelnen Funktionen im Körper beiträgt und sie zusätzlich fördert. Wir müssen dieses System achten und wertschätzen, denn ohne es funktioniert nichts mehr, wie es soll.

Negative Gedanken, Gefühle und Verhaltensweisen führen zu Störungen und Blockaden im Chakrasystem.

Dennoch arbeitet unser Körper zunächst weiter. Die Chakren erhalten sehr lange die körperlichen Funktionen aufrecht, auch wenn im energetischen System bereits Störungen vorhanden sind. Erst wenn das Chakrasystem über einen langen Zeitraum blockiert ist, kommt es zu körperlichen Beeinträchtigungen.

Jeder Mensch sollte daher seine Chakren pflegen, indem er für ausreichende Energie sorgt. Kein Mensch kann sich zu viel Energie zuführen, denn ein Überschuss wird nicht aufgenommen, sondern strömt einfach in die Umgebung davon. Problematisch wird es jedoch, wenn nicht auf eine ausreichende Zufuhr an Energie geachtet wird oder der Verbrauch an Energie höher ist als die Zufuhr. Jedes Chakra sollte gepflegt und angeregt werden.

Kein Chakra darf mehr gefördert werden als die anderen, sonst entsteht ein Ungleichgewicht im System.

Vor allem darf das Kronenchakra niemals zu stark ohne die energetische Basis der anderen sechs Chakren bearbeitet werden. Bei jeder spirituellen Arbeit muss auf der Erde begonnen werden, weshalb das Wurzelchakra stets als Erstes ausgebaut und gefestigt werden muss. Schließlich wird auch beim größten Tempel nicht mit dem Dach begonnen, sondern immer mit dem Fundament. Bei einer unzureichenden Basis besteht die Gefahr des Einsturzes, sowohl bei einem Tempel als auch bei einem spirituellen Menschen.

Wird das Menschsein an sich vergessen, ist die ganze spirituelle Arbeit umsonst gewesen. Sie löst sich dann, im wahrsten Sinne des Wortes, in Luft auf, denn ohne eine Basis kann sie nicht existieren.

Wir wollen alle hoch hinaus, aber wir dürfen den Boden unter den Füßen nicht verlieren, sonst fallen wir viel tiefer, als es uns guttut. Aus diesem Grund beginnt unsere spirituelle Arbeit immer hier auf der Erde. Beschäftigen Sie sich mit den Dingen und Menschen um sich herum. Suchen Sie nicht nach den himmlischen Sphären, sondern lieben und achten Sie Ihre persönliche Welt. Sie ist Ihr Geschenk, sie ist nur für Sie da, sie ist einzigartig. Niemand hat das gleiche Leben wie Sie. Niemand hat die gleiche Vorstellung von der Welt wie Sie. Sie ist Ihr persönlicher Schatz. Sie ist Ihre Chance, die Göttlichkeit und Schönheit zu erkennen, egal, wie Ihr Leben derzeit aussieht.

In einer besseren Welt würden Sie sich nicht entwickeln, Sie würden nicht an sich arbeiten, Sie würden sich nur auf Ihren Lorbeeren ausruhen, und nichts würde sich ändern.

Hier, wo Sie heute stehen, gehören Sie hin. Hier befindet sich Ihr persönliches Paradies auf Erden. Erkennen Sie es an. Erkennen Sie es jetzt an, und Ihre Welt wird sich wandeln. Neiden Sie anderen nicht, was sie haben, denn all das brauchen Sie nicht. Sie brauchen nur die Dinge, die Ihnen gehören, alles andere wäre nur Ballast. Nur weil ein anderer mehr hat, ist er nicht glücklicher, besser oder weiter in seiner Entwicklung. Er braucht einfach eine andere Basis, um zu wachsen, andere Lebensumstände, andere Herausforderungen. Auch wenn er mehr besitzt, ist sein Leben nicht einfacher als Ihres. Für ihn ist es genauso anstrengend, sich zu ändern, sich zu entwickeln und seine Seele zu vervollkommnen wie für jeden anderen Menschen.

Zum Schluss möchte ich noch eine Überlegung bezüglich der Chakren anführen:

Alle Hauptchakren befinden sich an den verwundbarsten Stellen des menschlichen Körpers.

Verletzungen an allen diesen Stellen können tödlich sein: Das erste Chakra befindet sich an der Basis der Wirbelsäule, auf gleicher Höhe mit den Genitalien. Das zweite Chakra liegt im Unterbauch, auf Höhe der Gedärme. Das dritte Chakra liegt auf Höhe des Sonnengeflechts. Das vierte Chakra befindet sich auf Höhe des Herzens. Das fünfte Chakra liegt auf Höhe der Kehle. Das sechste Chakra liegt direkt vor dem menschlichen Gehirn, und das siebte Chakra befindet sich direkt darüber. Für mich weist dieser Umstand auf die Bedeutung der Energie im menschlichen Leben hin. Die Chakren sind unsere Energieportale, die Verbindung zwischen den höheren und den körperlichen Aspekten des Menschen.

Die Aura – Energiemantel des Körpers

Die Aura ist unser energetisches Umfeld, sie kann uns schützen
– daher müssen wir sie pflegen.

Der Begriff der Aura ist allgemein bekannt. Viele Menschen haben davon gehört, darüber gelesen oder sich intensiver damit beschäftigt. Manche können sogar die Aura von Menschen sehen und erkennen einen strahlenden Kranz um Kopf und Körper. Einige wenige sehen Auren in allen Farbschattierungen – je nach Gesundheit, Emotionen und innerem Zustand. Sie können Löcher und Unregelmäßigkeiten in der Aura erkennen und so Informationen über den zugehörigen Menschen erhalten. Doch dies ist sicher nur einem geringen Teil der Menschen möglich. Die meisten sehen keine Aura, und wenn, dann nur unter bestimmten Bedingungen, beispielsweise wenn sie sich intensiv darauf konzentrieren. Manchmal darf man seine Aufmerksamkeit aber auch gerade nicht zu sehr auf die Aura richten, denn sonst verschwindet sie.

Die meisten Menschen wissen, dass es Auren gibt. Doch woraus besteht eine Aura, und woher kommt sie? Erinnern Sie sich noch an die schwingenden kleinen Teilchen und an unsere Energiewirbel, die sich in einer bestimmten Frequenz bewegen?

Die Aura ist das energetische Feld,
das durch die Schwingung der einzelnen Teilchen entsteht
und unter bestimmten Bedingungen zu sehen ist.

Sie ist wie die Hitze über einer warmen Quelle, die im Sommer durch flimmernde Luft auszumachen ist. Das Flimmern ist die sich ausbreitende Wärme, und die Aura ist die sich ausbreitende Energie. Die Aura hängt sehr stark von der persönlichen Reife eines Menschen ab. Dabei gibt es Personen mit einer guten Ausstrahlung, die in ihrer Umgebung eine positive Stimmung erzeugen, und Menschen, die etwas Unangenehmes an sich haben, ohne dass dieses genau definierbar wäre. Solche Menschen haben schlichtweg eine negative Ausstrahlung. Der erste Eindruck wird von verschiedenen äußeren Faktoren geprägt wie der äußeren Erscheinung, der Körperhaltung, dem Auftreten und dem Gesichtsausdruck. Viel wichtiger sind jedoch die inneren Faktoren: Ein Mensch, der selbstbewusst, gelassen, heiter, klar und in harmonischer seelischer Verfassung ist, strahlt dies auch aus.

Aura als Schutz

Die Aura ist unser Schutzschild. Sie ist wie ein dicker Mantel, der uns vor fremden Einflüssen schützen kann. Ist die Aura dünn und löchrig, funktioniert der Schutz nicht mehr richtig. Die Schutzfunktion der Aura ist sehr wichtig für unser Leben.

Haben wir eine sehr ausgedehnte Aura, absorbiert sie durch ihre Weitläufigkeit sämtliche negative Einflüsse.

Dies betrifft negative Energien anderer Menschen, die etwas Böses wollen, ebenso wie Krankheitserreger. Vielleicht ist Ihnen auch schon der Umstand aufgefallen, dass, wenn wir positiv eingestellt sind, eine Erkältungswelle nach der anderen an uns vorüberziehen kann, ohne dass es uns erwischt. Doch in dem Moment, in dem wir frustriert und deprimiert sind oder irgendwelche Probleme uns energetisch herunterziehen, bekommen wir sofort einen Infekt. Dies liegt an der zurückgezogenen Aura, die uns nicht mehr ausreichend Schutz bietet. Dadurch können die Erreger viel leichter an unseren Körper gelangen und uns infizieren.

Übermäßiger Alkoholkonsum ist ebenso schädlich für die Aura wie eine negative Grundeinstellung.

Er schwächt ihre Schutzfunktion, und negative Energien können dadurch leichter durch die Aura in den Körper gelangen.

Aura als Kontaktorgan

Durch die Aura können wir Menschen berühren, ohne sie physisch anzufassen.

Jedes Mal, wenn wir in die Nähe einer anderen Person kommen, berühren und vermischen sich die beiden Auren, und es kommt zum Informationsaustausch.

Wir erhalten bei diesem Austausch viele Informationen vom anderen, die meisten davon unbewusst. Wir können sie nicht benennen, nur erahnen. Spricht eine dritte Person, die mehr Wissen über unser Gegenüber hat, die Dinge an und nennt sie beim Namen, so stellt sich oft der sogenannte Aha-Effekt ein: »Genau! Jetzt, wo du es sagst! Ich empfinde genauso.« Tief in uns war die Information bereits vorhanden. Unsere Aura hat sie uns gemeldet, aber wir konnten sie bisher nicht in unser Bewusstsein holen und nicht in Worte fassen.

Aura gibt uns Raum

Die Aura verleiht uns Raum. Durch sie können wir uns ausdehnen und weit entfernte Winkel erforschen, ohne uns physisch dorthin zu begeben. Sie verleiht uns Größe. Je bewusster wir sind, desto weiter dehnt sich unsere Aura aus. Sie verleiht uns Glanz. Eine weite, strahlende Aura zieht alle Menschen um sich herum in ihren Bann. Sie gibt uns Tiefe in Form von Einblicken in das Wesen anderer Menschen und Lebewesen.

Damit sie uns all dies verleihen kann, müssen wir sie pflegen, genauso wie unseren Körper. Wir müssen sie achten, ihr Aufmerksamkeit schenken und an ihr arbeiten. Jetzt möchten Sie sicher wissen, wie das geht. Nun, Verleugnung, Hass, Rache, Neid, Missgunst, Ärger, Angst – derartige Emotionen schmälern unsere Aura.

Diese negativen Gefühle sorgen für Flecken, für negative Überlagerungen und eine Verschmälerung unseres energetischen Umfelds.

Wir können unsere Aura rein und gesund erhalten,
indem wir reine und gesunde Gedanken haben.

Indem wir immer bei unserer Seele sind und im Einklang mit ihr leben, pflegen wir unsere Aura. Wir dürfen unser Innerstes nicht verleugnen und unsere tiefen Empfindungen nicht ignorieren. Wir müssen unser Innerstes leben. Wir müssen auf die leise Stimme tief in uns hören, denn sie ist unser wahres Ich. Dieser kleine Teil ist meist tief unter vielen Erwartungen vergraben – was muss man tun, was gehört sich, was wird von einem erwartet, was wollen andere von einem?

Doch wie oft hören wir wirklich auf diese leise Stimme? Wie oft finden wir Ausreden dafür, dass wir nicht auf sie hören können? Meistens finden sogar andere für uns die Ausreden. Häufig sind es die Menschen, die uns nahestehen und es angeblich »nur gut mit uns meinen«. Doch in Wirklichkeit verfolgen sie ihre eigenen Interessen, und ihre Liebe zu uns ist nur geheuchelt, denn wahre Liebe stellt niemals Bedingungen, sie ist immer und jederzeit vorhanden.

Wahre Liebe kann niemals verloren gehen,
daher darf sie auch nicht gemindert erscheinen,
wenn Sie Ihrer eigenen inneren Stimme folgen.

Wenn dies jedoch der Fall ist, versucht der andere nur, Sie auszunutzen.

Ihre Aura lebt davon, dass Sie auf Ihre eigene Stimme hören,
sie achten, sie lieben und das leben, was sie Ihnen vermittelt.

Ihre eigene Stimme ist das Wertvollste, was Sie besitzen, es sind Sie selbst. Sie ist Ihre Seele, Ihre Göttlichkeit. Wenn Sie sich selbst ignorieren, schaden Sie nur sich selbst. Jedes Mal kommt ein Stückchen mehr von Ihrem wahren Selbst abhanden, von Ihren eigentlichen Überzeugungen, von Ihrer Energie und von Ihrer Aura. Wenn Sie Ihrer inneren Stimme nicht folgen, schaden Sie sich oft mehr, als Ihnen bewusst sein wird, denn dann sind Sie sich selbst nicht treu. Sie ignorieren und verachten sich selbst. Sie schmälern sich, Sie machen sich klein.

Wenn Sie sich selbst nicht treu sind, schrumpfen Sie
auch bildlich, denn Ihre Aura verliert an Größe und Weite.

Sie verliert an Glanz, denn Sie verlieren den Zugang zur Energie. Die Farbenpracht der Aura schwindet ebenfalls, denn in der eigenen Seele herrscht Trauer. Wenn wir traurig sind, wollen wir uns am liebsten in einem Loch verkriechen, damit uns niemand mehr sehen kann.

Wird unsere Aura klein,
verstecken wir uns energetisch vor unserer Umgebung.

Wir schmälern unsere Energie, damit uns keiner mehr spürt, damit wir uns verkriechen können. Menschen mit verminderter Energie fallen nicht besonders auf. Sie können ein wunderschönes Gesicht haben, und dennoch sieht man sie nicht, denn ihre Energie ist auf ein Minimum reduziert. Es ist nur noch der Schatten ihrer einstigen Energie vorhanden. Diese Menschen müssen ihre Seele wiederfinden. Sie müssen sich selbst suchen und aufhören, ihr Leben nach den Wünschen und Vorstellungen anderer zu leben. Sie müssen sich energetisch befreien und sich aus ihrer schmalen Aura lösen. Dies ist jedoch nur möglich, wenn sie sich nicht selbst belügen.

Die Aura ist nur der Ausdruck unserer Seele.

Ist die Seele rein und klar, ist es auch unsere Aura. Ist die Seele unterdrückt, ist es auch unsere Aura. Strahlt unsere Seele und leuchtet sie, tut dies auch unsere Aura.

Arbeit an der Aura bedeutet auch immer Arbeit an der Seele.

Umgekehrt ist dies nicht möglich. Wenn wir unsere Aura stärken möchten, können wir dies nur, indem wir an unserer Seele arbeiten, denn eine »schlechte« Seele kann niemals eine reine und strahlende Aura haben.

Verbindung zwischen Aura und Chakren

Der Körper, den wir mit unseren Augen sehen und mit unseren Händen fühlen, ist nicht der einzige »Körper«, den wir haben. Der Mensch verfügt über sieben verschiedene Körper. Diese sind Manifestationen oder Vehikel, die durch die Chakren miteinander verbunden sind. Alle Körper durchdringen sich gegenseitig, haben jedoch unterschiedliche Aufgaben. Sie unterscheiden sich außerdem durch ihre Schwingungsbereiche.

Der Körper, der am dichtesten ist und über die langsamste Schwingung verfügt, ist der physische Körper.

Wenn wir unseren physischen Körper nicht achten und ihn missbrauchen, blockieren wir unsere Fähigkeit zur Kommunikation mit den feinstofflichen Körpern. Jede lebende Person hat neben ihrem physischen Leib einen Ätherköper, einen Astralkörper, einen Mentalkörper und einen Kausalkörper. Zusammen mit der eigentlichen Seele und dem Geist kommen so die sieben Prinzipien des lebenden Menschen zustande. Im Kundalini-Yoga wird die Aura auch als das »achte Chakra« bezeichnet.

So, wie es sieben Hauptchakren gibt, besteht auch die Aura aus sieben verschiedenen Schichten. Diese sieben Energiefelder unterscheiden sich in ihrer Dichte und ihrer Funktion voneinander.

Die erste Schicht der Aura entspricht der Ebene des physischen Körpers. Sie hat die stärkste Dichte. Die siebte Schicht entspricht reiner kosmischer Energie und der göttlichen Ebene.

Je feiner und ätherischer die Auraschichten sind,
desto heller sind sie und desto stärker ist ihre Ausstrahlungskraft.

Die Aura wird meist als Lichtwolke wahrgenommen, die den Menschen umgibt, wobei sie im Bereich des Kopfes besonders gut entdeckt werden kann. Mittels der Kirlianfotografie ist es möglich, die Aura bzw. das Energiemuster lebender Dinge auf einem Film festzuhalten. In diesem Verfahren, welches 1939 von den beiden russischen Wissenschaftlern Valentina und Semjon Kirlian entwickelt wurde, wird Hochfrequenzstrom durch einen Gegenstand geleitet, der gleichzeitig durch ein Glas oder direkt fotografiert wird. Durch diese spezielle Technik sieht man auf dem entstandenen Bild die farbige Aura des Gegenstandes. Somit kann die Kirlianfotografie die Aura auch für Menschen, die nicht hellsichtig sind, sichtbar machen.

Der Ätherkörper

Der erste feinstoffliche Körper ist eine perfekte Nachbildung des physischen Leibes. Er ist jedoch leichter und schwingt in einer höheren Frequenz. Dabei durchdringt er den physischen Leib und erstreckt sich ein wenig über diesen hinaus.

Die Aufgabe des Ätherkörpers ist die Belebung
und Kräftigung des physischen Körpers.

Er versorgt ihn mit den lebensnotwendigen Energien der Erde und des Kosmos und erhält damit die Funktionen unseres Körpers aufrecht. Die der Sonne entströmende Vitalkraft oder Energie wird durch die Ätherhülle aufgenommen und im Körper verteilt. Daher ist sie unerlässlich für die Gesundheit.

Auch die Traumerinnerung ist hauptsächlich von der Aktivität der Äthersubstanz abhängig.

Der Ätherkörper ist wichtig für energetische oder magnetische Heilung und verantwortlich für Phänomene, die sich bei Séancen abspielen, wie das Verrücken von Gegenständen und Klopfzeichen sowie bei allen anderen Arten von Materialisationen. Der ätherische Leib ist mit dem physischen Körper durch die Silberschnur verbunden. Beim Tod reißt diese Verbindung, und die Seele kann die sterbliche Hülle vollständig verlassen. Nach der Trennung wird die Ätherhülle auch Gespenst, Phantom, Erscheinung oder Geist genannt.

Durch Betäubungsmittel wie Gase kann das ätherische Doppel vom physischen Leib getrennt werden.[3]

Weil das ätherische Doppel als Bindeglied zwischen dem Gehirn und dem höheren Bewusstsein fungiert, kann sich die Person anschließend nicht mehr an die Zeit erinnern, die sie im Astralkörper[4]

---

3 Da der Ätherkörper dem physischen Leib am ähnlichsten und am nächsten ist, wird er auch als ätherisches Doppel des Körpers bezeichnet.

4 Dieser bildet die dritte Schicht der Aura. Die vierte ist der Mentalkörper und die fünfte der Kausalkörper. Nur Hellsichtige können sogar noch den Kausalkörper sehen. Die folgenden zwei Ebenen sind rein geistig. Die sechste Auraschicht entspricht der Seelenhülle. Die siebte ist die kosmische oder göttliche Hülle (das göttliche Selbst). Sie ist reine Energie, die nur Erleuchtete erfahren können.

verbracht hat. Bei einer Trennung kommt es in der Regel zu einer beachtlichen Reduktion der Energie im physischen Körper. Dieser erscheint wie erstarrt, der Geist ist abwesend oder benommen, der Blick starr, Herz- und Lungentätigkeit schwach und die Körpertemperatur sehr niedrig. Ein plötzliches Geräusch zieht den Ätherkörper sofort wieder zum physischen Körper zurück, sodass es zu einem krampfartigen Wiedereinsetzen des Herzschlages kommen kann, was nach der extremen Ruhephase lebensbedrohlich sein kann. Obwohl der Ätherkörper für das menschliche Auge gewöhnlich nicht sichtbar ist, gehört er dennoch zu der physischen Natur und kann daher auch durch Hitze, Kälte und starke Säure verletzt werden. Menschen, denen ein Körperteil amputiert werden musste, leiden oft noch jahrelang unter Schmerzen in dem verlorenen Körperglied.

Phantomschmerz entsteht, weil der ätherische Körperteil bei einer Amputation nicht mit entfernt wird.

Kundalini

Die Kundalini (Schlangenkraft, Schlangenfeuer) gehört zu den Kräften, die aus der Sonne kommen. Sie ist in der Lage, die verschiedenen Körper zu beleben. Hellsichtige Menschen können dann ein Feuer sehen, das durch den Körper schießt und sich dabei windend wie eine Schlange bewegt.

Beim Durchschnittsmenschen ruht die Kundalini ein Leben lang an der Wirbelsäulenbasis, ohne je erweckt zu werden.

Wird diese enorme Kraft zu früh oder zu schnell geweckt, ist dies nicht ungefährlich. Im physischen Bereich können heftige Schmerzen auftreten. Zusätzlich besteht auch die Gefahr von dauerhaften Schäden an den höherschwingenden Körpern. Wenn die vorzeitig geweckte Kraft sich nicht den Weg nach oben bahnt, sondern in die niederen Körperzentren drängt, können unerwünschte und unbeherrschbare Leidenschaften die Folge sein.

Weil die Kundalini-Kraft alles in der Natur des Menschen verstärkt, sollte vor ihrer Erweckung unbedingt eine positive Lebenseinstellung eingenommen und auf gute Eigenschaften geachtet werden.

In der geistigen Entwicklung ist die wichtigste Aufgabe der Kundalini das Durchfluten und Beleben der Chakren im Ätherkörper. Dies dient der Übermittlung astraler Erfahrungen ins physische Bewusstsein.

Der Astralkörper

Der Astralkörper besitzt eine höhere Schwingungsrate als der physische Körper und der Ätherkörper. In ihm entstehen Emotionen, Gefühle, Leidenschaften und Wünsche. Diese werden auch durch ihn zum Ausdruck gebracht.

Die Substanz des Astralkörpers dient als Brücke für die Übertragung zwischen dem physischen Gehirn und dem Geist des Menschen, der mit dem Mentalkörper verbunden ist. Der Astralkörper absorbiert von außen kommende Schwingungen, beispielsweise fremde Gedanken, und reagiert darauf. Er leitet sie weiter zum Ätherkörper. Die dritte Auraschicht wird von positiven und negativen Gemütsstimmungen sowie durch das Denken, das Unterbewusstsein und die fünf Sinne – Sehen, Hören, Riechen, Schmecken, Tasten – beeinflusst.

Öffnen sich die Chakren eines Menschen, kann der Astralkörper durch den physischen Körper wirken. Bei Missbrauch zeigen sich jedoch Verunreinigungen im Ätherkörper, die ebenfalls Auswirkungen auf den physischen Leib haben. Erkrankt der physische Körper, geht dies auch auf den Ätherkörper über, die Chakren schließen sich, und der Astralkörper wird blockiert.

Die wenigsten Menschen sind sich ihres Astralkörpers bewusst oder können Einfluss auf ihn nehmen.

Bei einem seelisch unterentwickelten Menschen führt der Astralkörper kein bewusstes Dasein, während der physische Körper schläft, und eine Erinnerung ist nach dem Erwachen kaum oder überhaupt nicht möglich.

Bei einem seelisch entwickelten Menschen kann es jedoch, während der physische Körper schläft, zu einem aktiven und interessanten Astralleben kommen. Die Erinnerung daran ist nach dem Erwachen gegeben, sodass diese Person Tag und Nacht ein bewusstes Leben führt.

Der Astralkörper ist in der Lage, sich schnell und weit von seinem physischen Körper zu entfernen.

Dies ist ein Grund dafür, dass einem manche fremde Orte und Erscheinungen vertraut vorkommen können. Die sehr feine Astralmaterie durchdringt die physische Substanz. Jedes physische Atom wird von Astralmaterie umhüllt und füllt den Raum zwischen physischen Stoffen so aus, dass sich selbst in der dichtesten Materie die Atome nicht berühren.

Ein Wesen aus der Astralwelt kann denselben Raum beanspruchen wie ein physisches Wesen, ohne dass sich die beiden einander bewusst wären oder sich gegenseitig behindern würden. Die einzelnen Naturreiche sind nicht räumlich voneinander getrennt, sondern sie existieren mit gegenseitiger Durchdringung, direkt um uns herum. Anders formuliert:

Bei der Astralebene handelt es sich nicht um einen anderen Ort, sondern eher um einen anderen Schwingungszustand, also einen anderen energetischen Zustand.

Das bedeutet, dass jeder physische Gegenstand ein astrales Gegenstück besitzt. Da der astrale Anteil die physische Form normalerweise leicht überragt, lässt sich die Astralaura um Gegenstände erkennen. Jeder kann die Aura sehen, wenn er ein wenig übt. Allerdings ist dies meist nur der ätherische Anteil, sodass man einen leuchtenden Rand erkennen kann.

Bei Amputationen eines menschlichen Körperteils ist der innere Zusammenhalt der lebendigen Astralsubstanz stärker als die Anziehungskraft des abgetrennten Teils. Daher bleibt das astrale Gegenstück an seinem Platz und zieht sich nur leicht innerhalb seiner neuen physischen Grenzen zurück. Der Astralleib eines abgetrennten Astes oder Körperteils bleibt erhalten und ist für Menschen mit hellsichtigen Fähigkeiten immer noch sichtbar, auch wenn der Körper dazu fehlt. Er schrumpft nur leicht zusammen und hat nicht mehr die ursprünglichen Ausmaße.

**Bei einem leblosen Gegenstand, wie einer Tasse,
fehlt dieser Zusammenhalt.**

Kommt es zum physischen Bruch, so spaltet sich auch das astrale Gegenstück. Hellseherisch begabte Menschen können den Astralkörper in verschiedenen Farben wahrnehmen. Dabei entsprechen die einzelnen Farben den Gefühlen, Leidenschaften und Emotionen des jeweiligen Menschen. Gute Emotionen bleiben länger bestehen und damit sichtbar, ganz im Gegensatz zu schlechten. Je höher ein Mensch sich entwickelt, umso stärker gleicht sein Astralkörper der Mentalhülle.

**Je höher die Entwicklungsstufe eines Menschen, desto weniger
Schwingungsebenen sind im Astralkörper vorhanden.**

Die meisten Menschen besitzen fünfzig oder hundert Schwingungsebenen, die eine unruhige Oberfläche mit zahlreichen Wirbeln und Querströmungen bilden. Dadurch, dass sich die einzelnen Ebenen untereinander »bekämpfen«, wird der Durchschnittsmensch mit unnötigen Emotionen und Sorgen belastet, welche ihn viel Energie kosten.

**Eine ständige Unruhe im Astralleib beeinträchtigt zusätzlich
stark die Umgebung, denn sie ist ansteckend.**

Empfindsame Personen können daher in Gegenwart eines Menschen mit unruhigem Astralkörper ein Gefühl der Besorgnis verspüren. Bei andauernden astralen Störungen können astrale Entzündungsherde auftreten, durch die ständig Lebensenergie entweicht. Um einen gesunden Astralkörper zu haben, muss der Mensch daher auf seine Gedanken und Gefühle achten.

Im Astralkörper eines entwickelten Menschen gibt es nur noch fünf Schwingungsebenen. Kleinkinder besitzen eine weiße und fast farblose Aura, deren Farben sich erst mit der Entwicklung von persönlichen Eigenschaften bilden.

Das beste Heilmittel, um einen gesunden Astralkörper zu erlangen, besteht im Ausmerzen von Sorgen, Ängsten und Ärger.

Die von außen auf den physischen Körper treffenden Gefühle werden durch das Prana in Form von Schwingungen übertragen. Doch ohne den Astralkörper, der mit seinem Prinzip der Sinneswahrnehmung die Schwingungen in Gefühle umwandelt, bliebe es bei einem rein körperlichen Bewusstsein. Gefühle wie Freude oder Schmerz treten erst auf, wenn sie das Astralzentrum erreicht haben. Das Prinzip der Sinneswahrnehmung ist besonders stark bei Pflanzen ausgeprägt. Menschliche Zu- und Abneigung rufen eine sofortige Reaktion der Pflanzenwelt hervor. Pflanzen reagieren sehr stark auf liebevolle Pflege und menschliche Gefühle. Menschliche Bewunderung erfüllt sie mit tiefer Freude, und sie reagieren mit Wachstum und Gedeihen darauf. Dies ist erst durch die astrale Reaktion möglich.

Der Mentalkörper

Die vierte Auraschicht entspricht den lichteren Ebenen der Persönlichkeit. Mit ihr hängen die Welt der Ideen, die Intuition, die Willens- und Entscheidungskraft sowie die geistige Klarheit zusammen. Der Mentalkörper dient der Entwicklung des Verstandes, inklusive der Gedächtnis- und Vorstellungskraft. Zusätzlich dient er als Träger eines eigenen, unabhängigen Bewusstseins, in dem der Mensch losgelöst vom physischen und astralen Körper leben und handeln kann.

Wichtig ist die Unterscheidung zwischen den gedanklichen Aufgaben von Mental- und Kausalkörper: Der Mentalkörper befasst sich mit bestimmten und konkreten Gedanken, etwa mit einem bestimmten Auto. Anders ausgedrückt: Er beschäftigt sich mit Gedanken, die eine materielle Form haben. Der Kausalkörper befasst sich im Gegensatz dazu mit abstrakten Gedanken, also zum Beispiel mit Autos im Allgemeinen. Der Mentalkörper ist von eiförmiger Gestalt. In seiner Mitte befindet sich der physische Körper. Mental- und Astralkörper ziehen sich gegenseitig stark an.

Der größte Anteil des astralen und des mentalen Körpers ist innerhalb des physischen Leibs angesiedelt.

Der Anteil, der über den physischen Körper hinausreicht, bildet die mentale Aura. Beim gewöhnlichen Menschen ist der Mentalkörper noch nicht vollkommen entwickelt.

Da viele Abschnitte im mentalen Bereich noch nicht aktiv sind, macht der Versuch, einen Gedanken zu fassen, der zu einem bestimmten Abschnitt gehört, oft den Umweg über einen anderen, ungeeigneten Kanal, der zufällig geöffnet ist.

Daher ist das Denken mancher Menschen umständlich. Dieser Umstand ist der Grund, aus dem einigen Menschen beispielsweise die Mathematik liegt, während andere die einfachsten Rechenaufgaben nur schwer lösen können. Gute Gedanken erzeugen Schwingungen im oberen Bereich des eiförmigen Mentalkörpers. Schlechte Gedanken, wie Habgier und Selbstsucht, bringen meist die unteren Bereiche zum Schwingen. Menschen, die sich mit höheren und positiven Gedanken befassen, haben einen Mentalkörper, der einem umgedrehten Ei ähnelt, weil sich die oberen Bereiche durch die Arbeit weiten. Menschen, die vermehrt negative Gedanken hegen, weisen einen breiteren unteren Bereich des Mentalkörpers auf. Jeder mentale Körper hat eine Art Mitte oder Einheit, die dauerhaft erhalten und in jeder Inkarnation stabil bleibt. Die Mitte des Mentalkörpers dient dazu, alle Erfahrungen, die der Körper gemacht hat, zu bewahren.

Je stärker ein Gedanke ist, desto größer ist der Ausschlag der Schwingung; je spiritueller und selbstloser das Denken ist, desto höher oder schneller ist die Schwingung selbst.

Der Kausalkörper

Der Kausalkörper ist die fünfte und letzte sichtbare Schicht der Aura. Die beiden darüberliegenden Auraschichten sind rein geistiger Natur und selbst für hellseherisch begabte Menschen nicht mehr wahrnehmbar. Freude und Glückseligkeit sind die vorherrschenden Gefühle, die in Zusammenhang mit Kausalleib-Erfahrungen auftreten. Der Kausalkörper verbindet den unteren, irdischen Bereich mit dem oberen, göttlichen. Dies liegt an dem Umstand, dass der kausale Körper während der gesamten Evolution eines Menschen bestehen bleibt und daher über viele Inkarnationen hinweg unsterblich ist. Alle anderen Körper des Menschen, der physische, der astrale und der mentale, existieren immer nur für die Dauer einer Inkarnation. Im Kausalkörper ruhen die Ursachen, die sich in den anderen Körpern als Wirkungen manifestieren. Daher stammt auch sein Name.

Die im Kausalkörper gespeicherten Erfahrungen aus vergangenen Leben begründen die allgemeine Lebenseinstellung und die Handlungsweisen eines Menschen.

Der Kausalkörper hat zwei Hauptaufgaben: Einerseits ist er Träger des Ego und Formaspekt der Individualität. Er ist somit der wahre Mensch, der Denker. Andererseits speichert er die Essenz der Erfahrungen, die ein Mensch im Laufe seiner verschiedenen Leben gemacht hat. Dabei bewahrt er alles, auch den Keim der Eigenschaften, die in die nächsten Inkarnationen mitgenommen werden.

Aura und Gesundheit

Bei einem gesunden Organismus werden die Atome zusammen mit dem teilweise entladenen rosafarbenen Prana im rechten Winkel zur Körperoberfläche durch die Poren hinausgestoßen. Dadurch erscheint die Gesundheitsaura in Streifenform. Sind die Linien fest und gerade, so ist der Körper vor negativen Einflüssen wie zum Beispiel Krankheitskeimen vollständig geschützt. Die Keime prallen zurück und werden von der ausströmenden Prana-Kraft fortgetragen.

Kommt es aufgrund von Übermüdung, Schwächung, Verwundung, ausschweifendem Lebensstil oder Depressionen zu einem erhöhten Bedarf an Lebensenergie, kann nicht mehr genügend Vitalität in die Aura ausgestrahlt werden.

Dadurch fallen die Linien in der Gesundheitsaura in sich zusammen, werden unregelmäßig und geraten durcheinander. Eine Schwächung der Abwehrkräfte ist die Folge. Schädliche Keime können leichter in den Körper eindringen, und es kommt zu Erkrankungen.

Wie wirkt Energie?

Ohne Energie gäbe es nur das Nichts.

Alles dreht sich heutzutage um Energie. Unser ganzes Leben ist von Energie bestimmt. Energie ist unser Ursprung, unser Leben und unser Ende. Energie ist alles, und Energie ist nichts. Wir Menschen sind von Energie abhängig, ohne sie könnten wir nicht existieren. Ohne Energie gäbe es keinerlei Leben, keinerlei Materie.

Schon lange versuchen Wissenschaftler, den Urknall zu entschlüsseln, sie versuchen herauszufinden, woraus unsere Erde mit allen ihren Lebensformen entstanden ist. Immer neue Theorien werden dafür aufgestellt und wieder verworfen. Doch was wäre, wenn das Geheimnis des Urknalls einfach nur im Entstehen von Energie liegt? Was wäre, wenn unsere Welt mit dem Planeten Erde und allen seinen Entwicklungsstufen entstanden wäre, weil sich Energie gebildet hat? Wenn Energie die Materie erschaffen hat? Wenn sie den Lebensraum hervorgebracht hat? Wenn sie unseren Planeten entstehen ließ, den Anfang unserer Evolutionsgeschichte?

Was wäre, wenn sich das Geheimnis unseres Daseins mit einem einfachen Begriff entschlüsseln ließe – Energie?

Dieses eine Wort wird in zahlreichen Zusammenhängen in den Raum gestellt, ohne dass darüber nachgedacht wird, was genau es bedeutet. Wofür steht Energie?

Energie steht für Kraft, für Stärke, für das Leben. Energie steht für Wandlungen und für Veränderungen. Sie steht für jede Art von Bewegung, wie etwa das Aufstehen. Ohne sie kann der Mensch gar nichts, daher steht sie auch für das Können. Energie steht für alle großen Dinge der Welt, denn alle Dinge bestehen nur aus Energie. Energie steht für das Gute, für alles Positive dieser Welt, weil es ohne sie das Gute nicht gäbe. Ohne sie wäre die Welt leer und würde nicht existieren. Energie steht für alles Erschaffene, für jede gute Leistung. Sie ist notwendig für jeden Sieg. Denn ohne sie hat der Mensch keine Kraft, etwas zu gestalten oder große Ziele zu erreichen. Energie steht für das menschliche Fortbestehen, für das Überleben vor und auch nach dem Tod. Energie steht für die Verbindungen zwischen Menschen, Tieren, Pflanzen und der ganzen Welt. Sie verbindet alles auf dieser Erde zu einer Einheit, zu etwas Gemeinsamem. Niemand ist allein.

Nichts unterscheidet sich von etwas anderem,
denn alles ist gleich, weil alles aus Energie besteht.

Energie steht für Einheit und Gemeinsamkeit. Energie steht für alle Arten der Kommunikation, für Verständnis, für die Sorgen, Nöte und Bedürfnisse anderer. Energie verbindet den Menschen mit seinem Gegenüber und sorgt für eine gemeinsame Ebene, für eine gemeinsame Wellenlänge.

Energie steht für den Zusammenhalt, für die Verbindung von allem Materiellen, von allen Pflanzenteilen, von allen Lebewesen sowie von allen anderen Daseinsformen der Erde. Energie ist alles, was der Mensch zum Leben braucht, alles, was für sein Dasein notwendig ist. Energie ist alles, was unsere Welt und unsere Existenz ausmacht.

Energie ist nicht sichtbar. Wir können lediglich die Ergebnisse ihres Wirkens sehen. Wir können Energie nicht hören, aber wenn wir bewusst darauf achten, können wir sie fühlen. Energie ist alles um uns herum.

Unser ganzes Leben wird von Energie bestimmt.

Energie ist die Verbindung von Protonen, Neutronen und Elektronen in bestimmten Molekülanordnungen. Alles besteht aus diesen Partikeln, daher ist auch alles Energie. Das Faszinierende daran ist, dass Energie die jeweiligen Partikel immer in der gleichen materiellen Form zusammenhält. Auch die Partikel unseres Körpers bilden bei kleinen Verletzungen wieder die gleiche Form wie zuvor. Erst Energie gibt allem seine Form. Sie ist die Verbindung zwischen allen Partikeln.

**Energie ist die Verbindung zwischen
den Menschen und Welten.**

Energie schafft Zusammenschluss, sorgt für Verbundenheit und bildet Gemeinschaften, im Mikrokosmos wie im Makrokosmos. Auch, wenn wir Menschen versuchen, diesen Umstand zu ignorieren. Auch, wenn wir Menschen meinen »Ich bin ich, und du bist du«.

Energie verbindet das Ich und das Du.

Energie sorgt für die Einheit von allem, was existiert. Es gibt keine Trennung in verschiedene Menschen und in verschiedene Völker. Wir sind alle ein Zusammenschluss einzelner Partikel zu einer gemeinsamen Welt. Was wäre diese Welt, wenn es nur das Ich gäbe?

Wenn nur das Ich allein existieren würde und sonst nichts? Diese Welt wäre arm und einsam. Es gäbe keine Freude, kein Glück, keinen Frieden, sondern es gäbe nur das Ich. Natürlich gäbe es auch keine Trauer, kein Unglück, keinen Krieg, denn schließlich wäre nur das Ich vorhanden. Diese Welt wäre langweilig, denn es wäre keine Welt. Das Leben wäre kein wirkliches, denn wo wäre das Leben, wenn es nur das eine Ich gäbe?

Leben ist Reibung, Leben ist Arbeit am Sein.

Leben ist Austausch. Leben ist Miteinander und Gegeneinander. Wir sind als ganzer Mensch nur ein Teilpartikel in dem, was Leben ist. Alle zusammen bilden wir eine energetische Einheit, die Einheit des Lebens. Wir sind auch mit allen Tieren auf der Welt verbunden. Wir sind mit allen Pflanzen dieser Welt verbunden, mit der Erde und dem Himmel. Alles hat zu unserem Ich eine energetische Verbindung. Wir sind niemals allein. Wenn wir einen anderen nicht mögen, dann mögen wir auch einen Teil von uns nicht, denn der andere ist ein Teil des großen Ganzen, wie auch wir ein Teil davon sind.

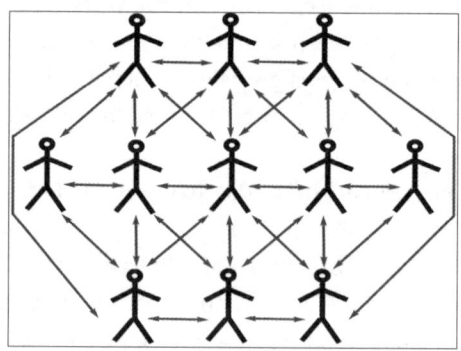

Energieverbindung der Menschen

Wo fängt also ein Mensch an, und wo hört ein anderer auf?

Es gibt keine Trennung zwischen uns Menschen, denn unser Energiefeld wird schwächer, je weiter es sich von uns entfernt, aber dennoch ist die Energie immer noch vorhanden. Genauso verhält es sich mit der Energie anderer Menschen. Ihre Energie ist ebenso immer noch vorhanden, auch wenn sie scheinbar räumlich weit von uns entfernt sind.

Unser Energiefeld vermischt sich mit denen anderer Lebewesen zu einem gemeinsamen energetischen See.

In diesem See lebt alles – von der kleinsten Pflanze bis zum größten Baum, vom Insekt über das Kleintier bis zum größten Raubtier sowie alle Menschen. Alle sind wir Teil dieses gemeinsamen energetischen Sees, in dem wir leben. Daher gibt es niemals nur das Ich. Es existiert immer nur das Wir.

Wir sind alle eins, zumindest im energetischen Sinn.

»Tu anderen Gutes, und auch dir wird Gutes getan.«
»Liebe den anderen, dann wirst auch du geliebt.«
– Auch diese Sprichwörter behaupten, dass Sie niemals etwas ausschließlich für sich oder für den anderen tun. Egal, was Sie tun, Sie tun es immer für die Gemeinschaft. Deshalb ändern sich auch die anderen, wenn Sie sich ändern.

Beschäftigen wir uns noch einmal mit der tieferen Bedeutungsebene des Wortes Energie: Die einfachste Manifestation von Energie ist eine Schwingung oder Welle.

**Alles besteht aus einer Ansammlung von Energiewellen,
die sich verbinden.**

Genauso funktioniert es bei allen Lebewesen dieser Erde. Betrachten wir nun, was passiert, wenn Energien verschiedener Formen aufeinandertreffen: Addiert man zwei Wellen mit gleicher Amplitude, der vertikalen Ausdehnung einer Welle, so erhält man eine Welle, deren Amplitude doppelt so groß ist wie die der ursprünglichen Wellen.

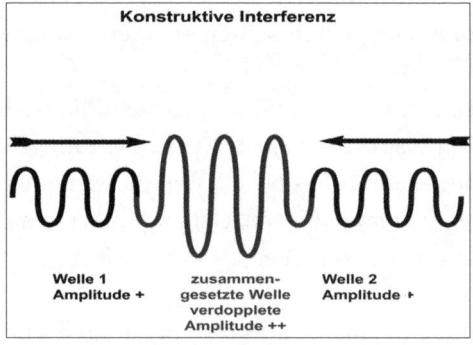

Konstruktive Interferenz – Amplitude

Diesen Vorgang bezeichnet man als konstruktive Interferenz. Addiert man zwei Wellen mit entgegengesetzter Amplitude, so heben sie einander auf, und es ist keine Amplitude mehr zu sehen. Dies nennt man destruktive Interferenz.

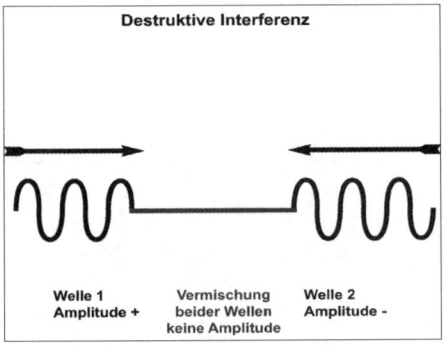

Destruktive Interferenz – Amplitude

Was bedeutet dies für unsere Existenz?

**Trifft die von uns ausgesandte Energie auf eine andere Energie,
die von der Schwingung her unserer entspricht,
verdoppelt sich die Amplitude.**

**Trifft unsere Energie auf eine entgegengesetzte Energie,
heben sich die beiden Energien auf,
und es gibt keine Amplitude mehr.**

Trifft unsere positive Energie auf negative Energie, dann kann die negative bei uns nichts bewirken. Trifft sie aber auf positive Energie, dann verstärkt sich der Energiefluss, und die positive Energie findet den Weg auch zu uns zurück.

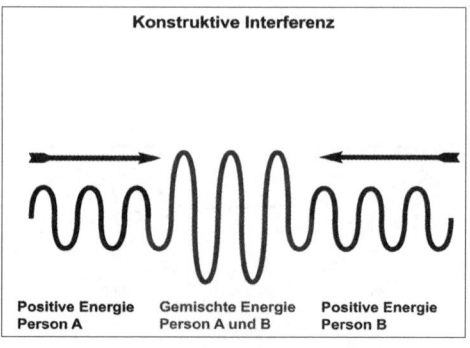

Konstruktive Interferenz – Energie

Trifft die von uns ausgesandte negative Energie auf fremde positive Energie, hebt sich die Energie auf, und wir haben nichts von dieser positiven Energie. Trifft aber die negative Energie auf andere negative Energie, verdoppelt sich die Amplitude und verstärkt die Negativität in uns.

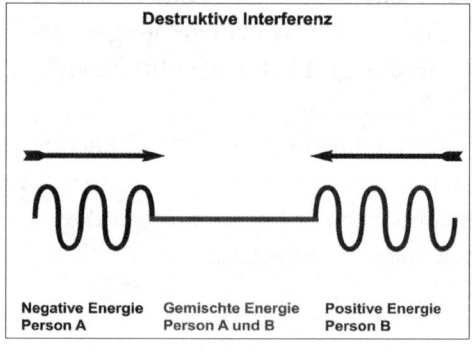

Destruktive Interferenz – Energie

Auch unser moderner Alltag ist von Energie geprägt. Unser Universum besteht aus elektromagnetischen Wellen, die wir körperlich nicht wahrnehmen können. Beispiele für diese Wellen sind Radio, Fernseher, Mobiltelefon, Mikrowelle oder Röntgenstrahlung. Die Wellen sind dabei jeweils auf eine bestimmte Frequenz abgestimmt.

Wie Sie inzwischen sicher festgestellt haben, ist alles in unserem Leben von Energie geprägt. Auch die moderne Wissenschaft der Quantenphysik beschäftigt sich mit ihr. Im Folgenden möchte ich Ihnen einen Einblick in die Quantenphysik geben, denn ohne die in dieser Wissenschaft gewonnenen Erkenntnisse wüssten wir Menschen so gut wie nichts über Energie.

Quantenphysik

Der Betrachter bestimmt selbst, welche von vielen parallelen Realitäten für ihn real wird.

Physik ist die Grundlage aller Naturwissenschaften, und lange Zeit galt das Newton'sche Weltmodell als einziges, das den Aufbau des Universums und des menschlichen Körpers beschreibt. Als es entwickelt wurde, galt das Atom als kleinstes Teilchen des Universums. Doch mittlerweile ist diese Theorie veraltet und durch die Erkenntnisse der modernen Quantenphysik verdrängt worden. 1886 entdeckte man, dass das Atom aus noch kleineren, subatomaren Teilchen besteht und verschiedene Energien aufweist, zum Beispiel Radioaktivität, Röntgenstrahlung. Die untersuchten Sachverhalte können in der Quantenphysik nicht mit der Logik der bisherigen linearen Physik erklärt werden.

Die Quantenphysik ist die Wissenschaft der Energie.

Sie lehrt, dass Materie aus Energie besteht, und zeigt, dass es nichts Absolutes gibt. Sie beschäftigt sich mit nicht sichtbaren Teilchen. Mit der alten Newton'schen Physik ließen sich paranormale Phänomene wie Spontanheilungen, Akupunktur gegen Schmerzen, Heilung durch Gebete und Reiki nicht erklären.

Dennoch gab es immer wieder Heilungen, die auf dem Glauben an energetische Felder beruhten, die unseren Körper und unsere Gesundheit beeinflussen können.

Am Anfang des 20. Jahrhunderts untersuchten einige aufgeschlossene Wissenschaftler die Beziehung zwischen Energie und der

Struktur von Materie. Ihre Erkenntnisse brachten diese Physiker dazu, den Glauben an das alte Newton'sche Modell aufzugeben, welcher besagte, dass das Universum nur aus leerem Raum mit darin schwebender Materie bestehe.

Quantenphysiker entdeckten, dass physische Atome aus Energiewirbeln bestehen, die sich ständig drehen und schwingen.

Jedes Atom hat sein eigenes, spezifisches Energiemuster bzw. eine ihm eigene Schwingung und strahlt dabei Energie aus. Atomzusammenschlüsse (Moleküle) besitzen ebenfalls ein eigenes, identifizierbares Energiemuster. Daher hinterlässt jede materielle Struktur und jede individuelle Person im Universum ihre eigene Energiesignatur. Ein Atom besteht aus einer gewissen Anzahl unendlich kleiner Energiewirbel, die Quarks und Photonen genannt werden. Je genauer man ein Atom betrachtet, desto weniger kann man erkennen, weil das Atom nur aus unsichtbarer Energie besteht und nicht aus greifbaren Elementen. Werden die physischen Eigenschaften von Atomen, wie Masse und Gewicht, untersucht, erscheinen Atome wie physische Materie. Untersucht man aber bei Atomen das Spannungspotenzial und die Wellenlänge, erscheinen sie wie Energie mit Wellencharakter.

**Bereits Einstein erkannte,
dass Energie und Materie zusammenhängen.**

Dies zeigt die von ihm aufgestellte Gleichung: $E = mc^2$, oder ausführlicher ausgedrückt: Energie (E) = Materie/Masse (m) mal Lichtgeschwindigkeit (c) zum Quadrat.

Betrachtet man das Universum aus der Sicht der Quantenphysik, zeigt es sich als Integration voneinander abhängiger Energiefelder, die durch Interaktionen in einem Netzwerk miteinander verbunden sind. Ändert man die Parameter von zum Beispiel einem der Proteine der komplexen Zusammenhänge innerhalb eines Netzwerkes, ändern sich auch automatisch die Parameter aller anderen Proteine und ebenso die Proteine von Netzwerken, die sich an einer Stelle mit dem jeweiligen Netzwerk überschneiden.

Dies bedeutet etwa, dass bei Einnahme eines Medikaments für einen speziellen Bereich auch Nebenwirkungen in Bereichen entstehen, die sich mit dem betroffenen Bereich an nur einer Stelle überschneiden. Ich möchte dafür ein Beispiel anführen: Allergiker nehmen zur Abschwächung ihrer Beschwerden wie Juckreiz Antihistaminika ein. Diese Wirkstoffgruppe verteilt sich jedoch überall im Körper und wirkt daher auf sämtliche Histamin-Rezeptoren. Im Gehirn verändert die Einnahme die Nervendurchblutung und schränkt dadurch die Funktion der Nerven ein. Daher fühlen sich Menschen, die diese Medikamente einnehmen müssen, häufig in ihrer Konzentrations- und Wahrnehmungsfähigkeit beeinträchtigt.

Die Quantenphysik beschäftigt sich mit dem Verhalten und der Wechselwirkung kleinster Teilchen untereinander. Hiermit sind die subatomaren Teilchen oder auch Elementarteilchen gemeint. Diese moderne Physikrichtung geht davon aus, dass Energie nicht kontinuierlich, sondern gebündelt, in Form von Quanten, existiert. Um die Quantenphysik zu verstehen, muss man sich von den logischen Gesetzen der klassischen Physik lösen, denn sie lässt sich nicht mit Logik erklären. Im Folgenden stelle ich Ihnen ein paar Grundlagen der Quantenphysik vor.

Leerer Raum

Die vermeintlich festen Bestandteile des materiellen Universums, die Atome, bestehen hauptsächlich aus leerem Raum. Wenn man den Kern eines Wasserstoffatoms mit einem Basketball vergleicht, dann wäre das ihn umkreisende Elektron ca. 30 Kilometer von ihm entfernt und der Raum dazwischen materiell gesehen leer. In Wirklichkeit besteht der Raum zwischen Kern und Elektron jedoch aus einer enormen Menge an Energie. Dabei gilt:

**Je feiner die Ebene der Materie ist,
desto mehr Energiegehalt weist sie auf.**

Wissenschaftler gehen davon aus, dass ein Kubikzentimeter leerer Raum mehr Energie enthält als die gesamte greifbare Materie des Universums.

Teilchen-Welle-Dualität

Die vorherrschende Meinung der Physiker vor 1886 war, dass Protonen, Neutronen und Elektronen Teilchen sind und dass Licht aus Wellen besteht.

Die moderne Physik besagt, dass Licht sowohl Wellen- als auch Teilchencharakter haben kann, je nachdem, wie wir es betrachten.

Die gleiche Erkenntnis wurde über Protonen, Neutronen und Elektronen gewonnen. Den Teilchencharakter des Lichts kann man in einem Versuch nachweisen: Wenn eine Metallplatte mit Licht bestrahlt wird, kann es sein, dass bei einigen Atomen der Platte ein Elektron die Atomhülle verlässt. Der traditionelle Physiker geht davon aus, dass die Elektronen durch die Intensität der Lichtquelle und durch die Nähe des Lichts an der Platte die Hülle verlassen. Diese Schlussfolgerung ist jedoch nach Ansicht der Quantenphysiker falsch, denn das Licht besteht aus Photonen, und jedes Elektron kann nur ein Photon absorbieren. Die Elektronen werden vom positiv geladenen Atomkern festgehalten. Daher ist eine bestimmte Energie notwendig, damit sie den Elektronenverband verlassen können. Daher muss gelten:

**Je kürzer die Wellenlänge ist,
desto größer sind die Energie und die Frequenz.**

Das bedeutet, dass die Energie der Photonen dafür verantwortlich ist, ob ein Elektron die Atomhülle verlassen kann oder nicht. Ob wir Elektronen als Teilchen oder als Welle erkennen, scheint von der Beobachtung oder Messung abzuhängen. Nicht gemessene und nicht beobachtete Elektronen verhalten sich wie Wellen. Erst durch die Messung werden sie zu Teilchen und können lokalisiert werden.

Quantensprünge und Wahrscheinlichkeit

Elektronen bewegen sich beim Umkreisen des Kerns nicht durch den Raum wie andere Gegenstände, sondern sie tun dies zeitunabhängig. Das bedeutet, dass sie an einer Stelle der Umlaufbahn verschwinden und an einer anderen wieder auftauchen. Diesen Umstand bezeichnet man als Quantensprung. Dabei lässt sich nicht genau vorhersagen, wo die Elektronen wieder auftauchen oder wann sie auf eine andere Elektronenschale springen. Hier konnten die Wissenschaftler bisher lediglich Wahrscheinlichkeiten formulieren.

Quantenereignisse sind die einzig wirklich zufälligen Ereignisse im Universum.

Die Heisenberg'sche Unschärferelation

Die Heisenberg'sche Unschärferelation besagt, dass zwei Eigenschaften eines Teilchens nicht gleichzeitig genau messbar sind. Beispielsweise ist es nicht möglich, den Ort und den Impuls eines Quantenobjektes gleichzeitig exakt zu messen.

Bei der Bestimmung der genauen Position und Geschwindigkeit eines Teilchens muss Licht oder Strahlung mit einer anderen Wellenlänge verwendet werden. Hier gilt Folgendes: Je größer die gewählte Wellenlänge ist, desto ungenauer ist die ermittelte Position. Die Geschwindigkeit wird von der Messung jedoch kaum beeinträchtigt. Bei der Verwendung von Strahlung mit einer kürzeren Wellenlänge wird die Ermittlung der Position genauer, die Geschwindigkeit wird in diesem Fall jedoch stark beeinflusst.

Bei der Bestimmung von Aufenthaltsort und Geschwindigkeit eines Teilchens gilt also: Je genauer das eine gemessen wird, desto weniger genau ist das andere bestimmbar.

Einiges lässt sich in der Kernphysik mit einem Modell sehr einfach beschreiben, aber in der Quantenphysik nicht so leicht darstellen. Ein Beispiel hierfür ist das Bohr'sche Atommodell. Möchte man das

Bohr'sche Atommodell[5] in der Quantenphysik darstellen, dann bewegen sich die Elektronen nicht wirklich geordnet um den Atomkern im Kreis, sondern sie befinden sich eigentlich auf bestimmten Energieniveaus. Die Position der Elektronen lässt sich nicht exakt bestimmen. Auch hier gilt die Heisenberg'sche Unschärferelation.

Teilchenbindung

Wissenschaftler stellten fest, dass bei gleichzeitiger Entstehung von zwei Teilchen, die miteinander verschränkt sind oder sich in einer optimalen Stellung zueinander im Raum befinden und anschließend durch einen Teilchenbeschleuniger in entgegengesetzte Richtungen des Universums geschossen werden, gilt:

Wenn sich der Zustand eines der beiden Teilchen ändert, ändert sich auch der Zustand des anderen Teilchens.

1964 stellte John Bell eine Theorie zu diesem Phänomen auf: Die Vorstellung, dass etwas an einem Aufenthaltsort lokalisiert ist, ist falsch. Nichts ist lokalisiert. Die beiden Teilchen sind auf einer Ebene jenseits von Raum und Zeit eng miteinander verbunden. Was bedeutet das?

---

5 Das Bohr'sche Atommodell war das erste Atommodell der Quantenphysik und wurde 1913 von Niels Bohr entwickelt. Dieses mittlerweile überholte Atommodell besagt, dass ein Atom aus einem positiv geladenen Kern und negativ geladenen Elektronen in der Atomhülle besteht, die diesen in konzentrischen Bahnen umkreisen, ähnlich den Planetenbahnen des Sonnensystems nach Kopernikus.

Zeit und Raum, die beiden grundlegendsten Merkmale unserer Welt, werden abgelöst durch die Vorstellung, dass alles ständig in Kontakt miteinander ist.

Realität durch Beobachtung

Diese Erkenntnis wird beispielsweise durch den Doppelspaltversuch veranschaulicht. Für dieses Experiment benötigt man eine Lichtquelle, die sich auf einer Seite einer Trennwand mit zwei Löchern befindet, und einen Schirm auf der anderen Seite der Trennwand. Schaltet man die Lichtquelle ein und das Licht strahlt durch die beiden Löcher auf den Schirm dahinter, so sieht man dort ein Interferenzmuster:

**Statt dass die hellsten Flecken
direkt hinter den Löchern zustande kommen,
befindet sich das Maximum an Helligkeit
zwischen den beiden Löchern.**

Dieser Bereich wird am hellsten beleuchtet. Rechts und links von dieser hellen Stelle liegen dunkle Flächen, gefolgt von hellen, die jedoch weniger hell sind als die Mitte. Danach folgen wieder zwei dunkle Flächen und so weiter.

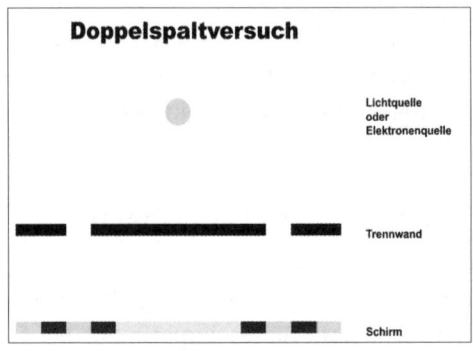

Doppelspaltversuch

Lichtquelle
oder
Elektronenquelle

Trennwand

Schirm

Doppelspaltversuch

Der Grund für dieses Interferenzmuster liegt in der Tatsache, dass es sich bei Licht um Wellen handelt. Einige Wellen müssen einen weiteren Weg von der Lichtquelle bis zum Schirm zurücklegen als andere. Daher verstärken sich die Wellen an manchen Stellen, während sie sich an anderen aufheben.

**Treffen zwei Wellenkämme aufeinander, verstärken sie sich.
Trifft hingegen ein Wellenkamm auf ein Wellental,
heben sie sich gegenseitig auf.**

Bedeckt man nun eines der beiden Löcher, so liegt das Maximum an Helligkeit hinter dem offenen Loch. Wenn wir nun die Lichtquelle durch eine Elektronenquelle ersetzen, erhalten wir bei zwei offenen Löchern wieder ein Interferenzmuster. Dieses Ergebnis beweist den Wellencharakter von Elektronen. Dabei ist wichtig, dass weder Licht noch Elektronen gleichzeitig Teilchen und Welle sein können. Schickt man nun einzelne Elektronen nacheinander durch die beiden Löcher, kann sich das einzelne Elektron nicht selbst verstärken oder reduzieren, wie es bei aufeinandertreffenden Wellen der Fall ist. Der Logik nach müsste nach einiger Zeit, in der mehrere einzelne Elektronen nacheinander durch die Trennwand gewandert sind, hinter den beiden Öffnungen das Maximum an Helligkeit erscheinen. Das Interferenzmuster sieht man jedoch trotzdem, nachdem man einige Zeit gewartet hat. Dann sind mehrere einzelne Elektronen durch die Öffnungen geflogen. Wenn man jetzt eines der beiden Löcher verschließt, entsteht kein Interferenzmuster mehr. Daher scheint das Elektron zu »wissen«, ob beide Löcher offen sind oder nur eines. Wenn man nun versucht zu messen, durch welche der beiden Öffnungen das Elektron fliegt, erhält man das Maximum an Helligkeit hinter den Löchern und kein Interferenzmuster. Aus diesem Grund kann man nicht sagen, dass sich das Elektron entweder durch das eine oder durch das andere Loch bewegt. Richtig ist, dass das Elektron durch beide Löcher gleichzeitig oder durch keines der Löcher wandert. Daraus ergibt sich folgende wichtige Erkenntnis:

Es ist nichts real, bis es der Beobachter gesehen hat.

Das Elektron hat viele Möglichkeiten und entscheidet sich erst durch unsere Beobachtung dafür, welchen Weg es geht. Jedes Teilchen besitzt eine sogenannte Wahrscheinlichkeitswelle. Es lässt sich daher nie mit Sicherheit sagen, wo es sich befindet, sondern es lässt sich nur bestimmen, wo es am wahrscheinlichsten ist.

Solange wir etwas beobachten, ist es real.
Wenn wir etwas nicht mehr beobachten, ist es nicht mehr real.

Was bedeutet dies aber nun im Klartext für unser Leben? Ich möchte versuchen, Ihnen ein anschauliches Beispiel zu geben. Nehmen wir einmal an, Sie verbringen jedes Jahr vier Wochen bei Verwandten, die sehr weit von Ihrem Wohnort entfernt wohnen. Im Rest des Jahres haben Sie nur sporadischen Kontakt mit dieser Verwandtschaft per Telefon oder Post, also ist in dieser Zeit die Verwandtschaft sehr weit weg. In den vier Wochen, die Sie bei den Verwandten verbringen, fügen Sie sich in das dortige Familienleben ein. Dies – und nicht mehr das Leben an Ihrem eigentlichen Wohnort – ist nun Ihre Realität. Sie können sich zwar in Gedanken vorstellen, wie Ihre daheimgebliebene Familie ihren Alltag führt, aber dies ist für Sie nur eine gedankliche Vorstellung bzw. Wahrscheinlichkeit und somit nicht real. Schließlich könnte es sein, dass irgendetwas bei den Daheimgebliebenen anders abläuft als sonst, ohne dass Sie davon Kenntnis haben.

In diesen vier Wochen, in denen Sie nicht zu Hause sind, ist Ihre Realität nicht Ihr Zuhause. Wenn zu Hause ein ungewohntes Ereignis stattgefunden hätte und Sie es telefonisch mitgeteilt bekämen, hätten Sie das Ereignis nicht in dem Moment erlebt, in dem es geschah. Im aktuellen Augenblick ist das Ereignis für Sie nicht real, denn Sie haben eine andere, nämlich Ihre aktuelle, Realität im Kopf. Durch das Telefonat ändert sich die Realität in Ihrem Kopf, denn Sie erfahren erst im Nachhinein davon. Da das Ereignis bereits in der Vergangenheit liegt, kann es nur eine »vergangene Realität« für Sie sein, keine gegenwärtige. Solange Sie jedoch keinen Kontakt zu Ihrem Zuhause haben, sind für Sie beide Möglichkeiten real – die mit dem Ereignis und die ohne. Diese beiden und noch viele weitere Möglichkeiten existieren also parallel.

Welche Realität für den Betrachter real wird, hängt vom ihm ab.

Parallelwelten

Hugh Everett stellte die Viele-Welten-Theorie bereits Mitte der 1950-er Jahre auf. Dieser Theorie zufolge führen Quanteneffekte zu zahllosen Verzweigungen des Universums und zu parallelen Universen, in denen jeweils voneinander unterschiedliche Ereignisse stattfinden, womit unterschiedliche Realitäten nebeneinander existieren. Angewandt auf den Doppelspaltversuch gibt es die Realität, dass sich das Elektron durch das rechte Loch bewegt, und in einer Parallelwelt die, dass es durch das linke Loch wandert.

Die Viele-Welten-Theorie finde ich äußerst faszinierend und auch nachvollziehbar. Stellen Sie sich vor, Sie werfen einen Ball mit aller Kraft auf den Boden und er hüpft danach viele weitere Male vom Boden in die Luft, bis die Energie verbraucht ist. Wenn Sie den Ball beobachten, dann sehen Sie nur die eine Realität, die eine Welt. Schließen Sie nun die Augen und werfen Sie den Ball erneut auf den Boden. Versuchen Sie nun, sich mit Ihren restlichen Sinnen vorzustellen, wo sich der Ball gerade befindet. Wenn Sie dann die Augen öffnen, sehen Sie eine andere Realität, denn der Ball wird sich nicht genau auf der von Ihnen vermuteten Höhe befinden, sondern seinen eigenen Ort gewählt haben.

Bevor Sie die Augen geöffnet haben, gab es viele verschiedene Möglichkeiten, wo sich der Ball hätte befinden können. Bei geöffneten Augen gibt es nur noch eine Möglichkeit.

Zusammenfassung

1. Vermeintlich feste Bestandteile des materiellen Universums, die Atome, bestehen hauptsächlich aus leerem Raum.
2. Materie erscheint als ungreifbare Wellenfunktion und wird nur dann im Raum existent, wenn sie gemessen wird.
3. Elektronen bewegen sich von A nach B, befinden sich jedoch niemals dazwischen.
4. Bei der Bestimmung von Aufenthaltsort und Geschwindigkeit gilt: Je genauer das eine gemessen wird, desto weniger genau kann das andere bestimmt werden.
5. Objekte existieren getrennt voneinander, sind aber in ständigem Kontakt (nicht lokalisiert).
6. Es ist nichts real, bis es der Beobachter gesehen hat.
7. Quanteneffekte führen wahrscheinlich zu zahllosen Verzweigungen des Universums, zu parallelen Universen, in denen jeweils voneinander unterschiedliche Ereignisse stattfinden, womit unterschiedliche Realitäten nebeneinander existieren.

Gedanken sind Energie

Wir prägen mit jedem Gedanken unsere unmittelbare energetische Umwelt.

Jeder Mensch und jedes Lebewesen ist von einem Energiefeld umgeben.

Stehen sich zwei Menschen gegenüber, so durchdringen sich ihre beiden Felder, und es kommt zu einem Energieaustausch.

Wir strahlen unaufhörlich Energie ab. Diese bleibt noch einige Zeit im Raum bestehen, auch wenn wir den Ort bereits wieder verlassen haben. Sicherlich kennen Sie das Gefühl, in einen Raum zu kommen und regelrecht die dicke Luft zu spüren, die herrscht, wenn eine anwesende Person kurz vor einem Wutausbruch ist. Dann brauchen Sie die betreffende Person nicht einmal anzusehen, um zu wissen, dass etwas nicht stimmt. Auch Traurigkeit können wir sehr stark spüren, obwohl unser Gegenüber diese auf Nachfrage verneint. In der Umgebung von besonders positiven Menschen fühlen wir uns wohl, und andere Menschen können wir einfach nicht leiden, obwohl sie uns nichts getan haben. Im Volksmund sagt man daher: »Da stimmt einfach die Chemie nicht.« Doch was bedeutet dies für uns?

Je nach unseren Empfindungen und Gefühlen strahlen wir unterschiedliche Energie aus und konfrontieren unsere Mitmenschen damit.

Tiere sind allgemein sehr feinfühlig, bei Menschen hängt es vom Einzelnen ab. Der eine ist feinfühliger und hat bessere Antennen für die Stimmungen seiner Mitmenschen als der andere. Manche

Menschen sind auch so sehr mit sich selbst beschäftigt, dass sie die Probleme anderer absichtlich ignorieren, auch wenn sie dies niemals zugeben würden. Jeder Gedanke strahlt Energie in die Umgebung aus. Je öfter und nachhaltiger wir den gleichen Gedanken hegen, desto mehr Energie geben wir ihm und desto länger und weiter strahlt er in unser Umfeld ab. Irgendwann trifft er auf eine gleichschwingende Energie anderen Ursprungs und geht mit ihr in Resonanz. Dies kann beispielsweise der Gedanke einer Ihnen fremden Person sein. Diese fremde Energie vermischt sich nun mit der von uns ausgesandten, und die Energiekonzentration verdoppelt sich (konstruktive Interferenz).

**Wenn wir nun weiterhin den gleichen Gedanken aussenden,
dann bildet sich eine Art Energiestraße,
die die vermischte Energie zu uns führt.**

Dadurch bekommen wir das, was wir in Form von Gedanken ausgesandt haben, doppelt zurück. Denken wir jetzt nur positiv, hat das keine negative Auswirkung. Die meisten Menschen machen sich jedoch häufig Sorgen, grübeln stundenlang über ihre Probleme, haben Angst vor der Zukunft, können die Vergangenheit nicht loslassen und senden dadurch negative Energie in das Universum. Und dann wundern sie sich, dass sie aus ihren Problemen nicht mehr herauskommen! Wie denn auch, wenn sie die ganze Negativität anziehen?

**Gedanken, die wir aussenden,
werden energetisch zum Leben erweckt.**

Jedes Mal, wenn der Gedanke in Resonanz mit dem gleichen Gedanken oder mit demselben Energieniveau geht, wird die Energiewolke stärker und hält länger an. In der Esoterik spricht man dabei von »Elementarwesen«, die durch Gedanken gebildet werden. Positive und negative Gedanken haben eine starke Wirkung auf das menschliche Verhalten und die Gene, allerdings nur, wenn sie mit der jeweiligen unterbewussten Programmierung übereinstimmen.

Sie sollten Ihre Gedanken niemals unbewusst fließen lassen. Dies hat sonst weitreichende Folgen für Ihr Leben.

Geben Sie Ihren negativen Gedanken keine neue Energie. Denken Sie positiv. Beobachten Sie Ihre Gedanken und deren Auswirkungen auf Ihr unmittelbares Leben. Sie werden erstaunt sein, wie viel Eigenverantwortung Sie in Ihrem Leben haben. Achten Sie auf sich selbst. Achten Sie darauf, ob Ihnen viel durch den Kopf geht, wenn Sie Ruhe haben. Spuken täglich viele Gedanken durch den Kopf? Schicken Sie täglich viele Gedanken auf energetische Reise? Bedenken Sie, dass durch jeden Ihrer Gedanken ein Energiebild entsteht. Durch jeden einzelnen Gedanken verdichtet sich die Energie. Wie sehr, liegt an Ihnen selbst. Wie stark die Verbindung zu den Gedanken bleibt, bestimmen ebenfalls Sie selbst.

Sie selbst entscheiden über Ihre energetische Umgebung. Mit jedem Ihrer Gedanken prägen Sie Ihre unmittelbare Umwelt.

Sie erschaffen mit jedem Ihrer Gedanken Energie. Sie erschaffen mit jedem Gedanken Ihre Welt. Was möchten Sie in Ihrem Leben haben? Probleme über Probleme oder Freude und Glück? Sie sind selbst dafür verantwortlich, denn Sie legen die Verbindungen fest.

Sie stellen die energetischen Weichen, die zurück zu Ihrem Körper, Ihrem Geist und Ihrer Seele führen.

Sie bestimmen, was den Weg zu Ihnen finden soll. Sie ziehen positive wie negative Ereignisse zu sich heran. Niemand kann Ihnen diese schicken. Nur Sie selbst bestimmen über Ihr eigenes Schicksal. Niemand anders ist dafür verantwortlich.

Schicken Sie einen negativen Brief an jemanden, brauchen Sie sich auch nicht über eine negative Antwort zu wundern. Genauso verhält es sich mit Ihren Gedanken. Schicken Sie schlechte Gedanken wie Angst, Sorgen, Hass, Neid, Frust, Wut und Ärger in die Welt, dann werden Sie die entsprechende Resonanz erhalten, gemäß dem Sprichwort: »Wie du säst, so wirst du ernten«.

Warum beschweren Sie sich, wenn die Dinge nicht so laufen, wie Sie es möchten? Warum ärgern Sie sich über Hindernisse auf Ihrem Weg? Warum grämen Sie sich über das schwere Leben und die böse Welt? Warum meinen Sie, andere wollen Ihnen schaden und Sie ärgern? Sie selbst haben so entschieden. Sie selbst haben sich die Steine in den Weg gelegt und auch alles andere selbst verursacht.

Überlegen Sie, was Sie in den letzten Stunden, Tagen und Wochen gedacht haben. Waren Sie zuversichtlich in Ihrem Inneren oder voller Zweifel? Waren Sie überzeugt davon, dass etwas klappt, oder eher ängstlich? Sind Sie mit Selbstvertrauen durch Ihr Leben gegangen, oder haben Selbstzweifel Ihren Weg bestimmt? Sie können mich jetzt anlügen, aber sich selbst nicht. Schauen Sie Ihrem Spiegelbild in die Augen. Tief im Inneren wissen Sie, dass Sie sich selbst belügen, wenn Sie nur andere für Ihr Unglück verantwortlich machen. Wer gibt schon gerne zu, selbst schuld an all den Umständen zu sein, die ihm nicht gefallen. Es ist viel einfacher, die Schuld im Außen zu suchen, als sich selbst die Wahrheit einzugestehen.

Das Schicksal folgt immer nur Ihrer Energie.

Sie geben die Bedingungen vor. Wenn Sie eine Art von Energie aussenden, erhalten Sie Energie von derselben Qualität zurück.

Nur, wenn Sie zuerst etwas geben, werden Sie auch etwas bekommen. Dies ist ein Naturgesetz, das sich nicht umgehen lässt.

Nun kommt es lediglich darauf an, was Sie aussenden. Was schicken Sie in die Welt? Je nachdem, was Sie geben, werden Sie etwas erhalten. Kein anderer Mensch kann Ihre Gedanken lesen. Nur Sie selbst wissen, was Sie denken. Nur Sie selbst können Ihre Gedanken nachvollziehen und korrigieren. Niemand anders kann dies für Sie tun.

Es ist Ihr Kopf, Ihr Verstand, Ihr Geist, Ihre Seele, und es sind Ihre Gedanken.

Dr. Masaru Emoto vertritt die Auffassung, dass Gefühle, Emotionen und Gedanken einen großen Einfluss auf Wasser haben. Er fertigte, nach der Behandlung mit nichtphysikalischen Reizen, Fotos von gefrorenen Wasserkristallen an. Dafür klebte er Etiketten mit bestimmten Wörtern oder Sätzen auf die zu fotografierenden Wasserflaschen. Auf einigen Etiketten standen positive Wörter, wie »Danke« und »Liebe«, und auf anderen negative Wörter oder Sätze. Das Wasser mit den positiven Botschaften bildete wunderschöne Kristalle, das Wasser mit den negativen Etiketten bildete unregelmäßige Kristalle. Der menschliche Körper besteht zu 70 bis 90 Prozent aus Wasser. Was meinen Sie nun, wie viel Einfluss Ihre Gedanken auf Ihren Körper haben? Abgesehen davon haben die Gedanken sicherlich auch großen Einfluss auf die restlichen 10 bis 30 Prozent unseres Körpers, auch wenn dies wissenschaftlich noch nicht messbar ist.

Ihre Gedanken sind der Schlüssel zu allem.

Sie sind der Schlüssel zu dem, was Sie wollen oder was Sie nicht wollen. Es liegt allein in Ihrer Hand, vielmehr allein in Ihrem Kopf. Gedanken sind Energie, und Materie ist Energie. Unsere Welt ist reine Energie.

Gedanken sind unsere Welt.

TEIL II

ENERGIE IM MENSCHLICHEN LEBEN

Energieabgabe und Energieaufnahme durch die Umwelt

Wo auch immer wir uns aufhalten, hinterlassen wir einen energetischen Fußabdruck.

Wir sind durch unsere Energie mit allem um uns herum verbunden. Es gibt kein »Bis hier bin ich, und das andere liegt außerhalb von mir«.

Unsere energetische Grenze ist fließend.

Es gibt im energetischen Sinn keine Grenze unseres Körpers, so, wie sie die Haut für unseren physischen Leib darstellt, und selbst dort gibt es immer noch Haare, die über die Hautgrenze hinweg in die Umgebung reichen. Aus energetischer Sicht ist diese Vermischung viel stärker, denn die Aura nimmt viel Raum ein. Sie kann sich sehr weit über den physischen Leib hinaus ausdehnen, und dennoch gehört diese Energie immer noch zu der jeweiligen Person.

Auch die Aura von Pflanzen und Bäumen nimmt viel Raum ein. Gehen wir durch einen Wald, durchwandern wir mit unserem physischen Leib die Aura vieler Bäume. Immer wieder durchstreift unsere Aura das Energiefeld der Bäume um uns herum. Dabei findet ein energetisches Durchmischen statt. Wir nehmen dabei einen Teil der Baumenergie in unser energetisches Umfeld auf und hinterlassen gleichzeitig einen Teil unserer Energie im energetischen Umfeld des Baumes. Immer bleibt ein Teil von uns zurück, und wir erhalten dafür einen Teil der Energie aus der Umgebung. Daher kann sich unsere Stimmung auch sehr schnell ändern, wenn wir mit fremden Energien in Berührung kommen. In einem Moment waren wir noch traurig und frustriert, und im nächsten fühlen wir uns bereits aufgemuntert und zufrieden.

Wo auch immer wir uns aufhalten,
hinterlassen wir einen energetischen Fußabdruck.

Je älter ein Baum ist, desto stärker und vielfältiger ist seine Energie. Daher sind alte Bäume eine gute Möglichkeit für uns, Kraft zu tanken. Wenn wir uns im energetischen Umfeld von Bäumen aufhalten und offen[6] für das sind, was sie uns geben können, dienen sie als Quelle der Neutralisation von schlechten Energien. Der Austausch mit fremden Energien ist für uns sehr gesund, denn durch die Fremdenergie kommt es zu einer Anregung unseres Energiehaushalts. Unserem Körper steht dadurch eine größere Menge an Energie zur Verfügung, und gleichzeitig wird der Energiefluss aktiviert. Bestehende Energieblockaden werden abgebaut und das Entstehen weiterer vermieden. Dies ist der Grund, warum ein Aufenthalt in der freien Natur durch nichts zu ersetzen ist. So, wie Bäume das Kohlendioxid in den für Menschen wichtigen Sauerstoff verwandeln, sind sie ebenfalls in der Lage, negative in positive Energie umzuwandeln.

Von Bäumen bekommt man niemals schlechte Energie.

Halten wir uns oft zu Hause auf, findet nur ein geringer Energieaustausch statt. Es kommt nur wenig neue Energie hinzu, weil sich meist dieselben Menschen und Gegenstände in den Räumen aufhalten.

---

6 Offenen Herzens bzw. offen für das, was der Baum mir geben kann. Offen im Sinne von »Ich bin aufnahmebereit und verschließe meine Aura nicht«. Dafür müssen die fünf Sinne bzw. die Aufmerksamkeit auf den Baum gerichtet sein.

Tote Materie verfügt über weniger Energie als lebende.

Der Energieaustausch mit Möbeln und Gegenständen in einem Raum findet nur in sehr geringem Umfang statt, wenn man dies mit dem Austausch mit Bäumen vergleicht. Sind Menschen viel zu Hause, sinkt ihr Energiefluss ab, denn sie kommen kaum an frische Energien. Dadurch werden Menschen träge, denn ihnen fehlt in diesem Moment der Energieaustausch und es kommt zu einem energetischen Defizit.

Dies ist in besonders starkem Umfang bei Jugendlichen zu beobachten, die sich oft drinnen aufhalten. Gerade beim Heranwachsen braucht der Mensch mehr Energie als in den meisten anderen Lebensabschnitten, sodass es dann wichtig wäre, viel Zeit im Freien und mit anderen zu verbringen. Doch oftmals landen die Menschen in einem Teufelskreis aus Energiemangel und mangelnder Motivation. Jeder Aufenthalt im Freien ist ein Gewinn für uns Menschen. Die Welt ist voller Energie, die nur darauf wartet, zu uns zu fließen. Gehen Sie mit offenen Armen und offener Aura durch die Natur. Jeder Flecken Erde, jeder Stein, jedes natürliche Gewässer und jedes Grün versorgt Sie mit Kraft und Stärke, mit kostbarer Energie. Die Energie ist überall um Sie herum, Sie müssen sich nur dem Fluss von Geben und Nehmen öffnen. Sie müssen nur bereit sein für den Austausch mit allem, was sich um Sie herum befindet. Gehen Sie offen in die Welt, denn alles ist ein Gewinn. Wenn Sie bereit sind, etwas zu geben, dann erhalten Sie es vielfach zurück. Sie müssen bereit sein für den Austausch, für das Geben und Nehmen, für das Leben und die unendliche Vielfalt an Energie.

Energieaustausch zwischen Personen

Je intensiver der Kontakt zwischen zwei Menschen ist,
desto mehr Energieaustausch findet statt.

Da alles Leben nur aus Energie besteht, dreht sich im Leben auch alles um Energie.

Haben wir viel Energie, geht es uns gut,
haben wir wenig Energie, geht es uns schlecht.

Die energetische Kraft treibt uns in unserem Dasein voran, sie gibt uns Schwung und Stärke, alles zu erreichen, was unser Herz begehrt. Ohne Energie sind wir nichts. Ohne Energie existieren wir nicht einmal.

Ein menschlicher Körper ohne Energie ist tot.

Er ist dann nur noch ein leerer Körper, nur noch eine leere Hülle und kein Mensch mehr.

Allerdings spielt die Haltung der einen Persone gegenüber der anderen ebenfalls eine wichtige Rolle. Ist sie offen und dem Gegenüber wohlgesinnt, so mag sie ihn und möchte ihm Gutes tun. Ist die eine Person aber verschlossen, weist das darauf hin, dass sie die andere Person nicht leiden kann. Bei zwei Menschen, die offen miteinander sprechen, profitieren beide von dem energetischen Austausch. Beide Energiepegel werden dabei erhöht, denn durch die fremde menschliche Energie verstärkt sich das eigene energetische Umfeld enorm.

In dem Moment, in dem Sie sich dem anderen gegenüber öffnen, breitet sich Ihre Aura aus, was wiederum bedeutet, dass viel Energie strömt.

Treffen sich zwei Menschen, die nicht gut miteinander auskommen, schließen sich die energetischen Öffnungen, und die Aura zieht sich nah an den Körper zurück. Im wahrsten Sinn des Wortes macht der Mensch »zu«. Dadurch verkleinert sich das Energiefeld, und es kommt zu einem geringeren Austausch an Energie. Nach einer solchen Begegnung fühlt man sich weder energiegeladen noch motiviert. Es dauert eine Weile, bis sich das energetische Umfeld wieder gänzlich erholt hat und sich ausdehnen kann.

Energieraub in zwischenmenschlichen Beziehungen

Manche Menschen versuchen, wenn auch meist unterbewusst,
mehr Energie zu erlangen als andere.

Energie macht den Menschen aus, und daher liegt es nahe, dass es einen harten Konkurrenzkampf um diesen wertvollen Lebensstoff gibt.

Instinktiv fühlen sich Menschen, die anderen Energie geraubt haben, besser. Sie fühlen sich dann kräftiger und stärker als ihr Gegenüber. Sie fühlen sich dann als Sieger. Wenn zwei Menschen sich begegnen und die beiden Auren aufeinandertreffen, wird innerhalb von Sekunden der andere eingeordnet: Ist er besser, hübscher, schlanker, klüger oder reicher als man selbst?

Anstatt die Energie aus der Natur zu sich zu holen, bedienen sich viele Leute ihrer Mitmenschen, um an mehr Energie zu gelangen.

Dies scheint auf den ersten Blick einfacher zu sein, als die Energie aus der Natur oder von anderen Quellen zu bekommen. Der anderen Person wird Energie entzogen, und gleichzeitig fühlt man sich selbst danach seinem Gegenüber überlegen. Dies ist verlockend, allerdings wird der andere sich das nur ungern gefallen lassen, und am Ende kommt es zu einem dauerhaften energetischen Kampf. Verlieren können dabei nur beide Personen, denn dieser Kampf kostet unheimlich viel Kraft, die beide viel sinnvoller einsetzen könnten.

Energieraub in der Partnerschaft

In vielen Partnerschaften entzieht einer der beiden Partner dem anderen die Energie.

Dies ist weitverbreitet. Schuld daran ist nicht nur derjenige, der die Energie vom anderen abzieht. Genauso viel Schuld trägt der Partner, der dies immer wieder zulässt. Wenn ein Partner ständig auf Kosten des anderen lebt, kann es sich nicht um eine gesunde und glückliche Beziehung handeln. Der energieraubende Partner ist dabei oft der dominante Teil der Partnerschaft, der versucht, den anderen kleinzuhalten.

Es gibt aber auch die Variante des ständig jammernden und klagenden Partners, der den anderen auf diese Weise energetisch auszehrt. Diese Menschen stellen sich nicht ihren Lebensaufgaben, sondern flüchten sich in vermeintliche Krankheiten, so lange, bis sie wirklich welche haben. Dabei suchen sie niemals die Schuld bei sich selbst, sondern immer nur bei anderen. Sie missbrauchen so ihren Partner und dessen Liebe sowie andere Mitmenschen.

Energieraub am Arbeitsplatz

Einen großen Teil unseres Lebens verbringen wir mit der Arbeit. Ein Vollzeitangestellter arbeitet täglich acht Stunden lang, und das fünfmal in der Woche. Das ist der größte Anteil des bewusst erlebten Alltags, vor allem dann, wenn noch einiges an täglicher Zeit für den Weg zur Arbeit verloren geht. Einige Menschen verbringen sogar noch mehr Zeit mit ihrer Arbeit.

Den Beruf kann man sich in der Regel aussuchen, den Vorgesetzten im Prinzip auch, doch in fast jeder Firma trifft man auf Arbeitskollegen, mit denen man zurechtkommen muss. Je mehr Mitarbeiter in einem Betrieb zusammenarbeiten, desto öfter treffen sie dabei auf Kollegen, mit denen sie nicht gut auskommen. In vielen Unternehmen herrscht zusätzlich ein enormer Konkurrenzkampf und es herrschen häufig auch starre hierarchische Strukturen, die ein Übriges zu einem hohen Stressfaktor beitragen. Viele Menschen sind diesem enormen Druck nicht gewachsen. Kommen zusätzlich private Probleme hinzu, brechen Arbeitnehmer oft vor Stress zusammen und schaffen ihre Arbeit kaum noch. Depressionen, häufiges Kranksein und womöglich ein Arbeitsplatzverlust sind regelmäßig vorkommende Konsequenzen in allen Gesellschaftsschichten.

Diese Art des Arbeitens entzieht den Arbeitnehmern Unmengen an Energie.

In vielen Großbetrieben und Firmen findet außerdem täglich ein energetischer Wettbewerb statt. Am schlimmsten ist er meist in hierarchisch strukturierten Betrieben. Jeder versucht dem Gleichgestellten oder dem Untergebenen möglichst viel Energie abzuziehen. Teilweise beziehen manche Menschen ihre Energie ausschließlich aus ihrem Arbeitsumfeld. Dann greift etwa der Vorgesetzte bei Problemen die ihm unterstehenden Mitarbeiter an, und diese wiederum holen ihre Energie zurück, indem sie ebenfalls »nach unten treten«.

Gibt es im Arbeitsleben keine Möglichkeit, seine Energiereserven wieder aufzufüllen, leidet oft die Familie darunter.

Dies wird von der betroffenen Familie oft mit den Worten entschuldigt: »Er/Sie hat so viel Stress im Beruf.« Doch dies ist weder gut noch richtig.

Neben der Partnerschaft und dem Arbeitsplatz kann man noch an vielen weiteren Orten auf Energieräuber treffen. Wie Sie diese erkennen können, möchte ich Ihnen im Folgenden erläutern.

Wie erkenne ich Energieräuber in meinem Umfeld?

Energieräuber gibt es überall. Jeder hat solche Menschen um sich herum, auch wenn ihm dies nicht immer bewusst ist. Man bemerkt oft nicht einmal, dass ein Energieraub stattfindet. Bei manchen Personen ist es offensichtlich, dass man sich nach dem Kontakt mit ihnen ausgelaugt und erschöpft fühlt, bei anderen jedoch ist der Energieraub nicht so stark, dass er auffallen würde, aber dennoch vorhanden.

Dabei gibt es verschiedene Arten von Energieräubern, die Ihnen auf unterschiedliche Weise Energie entziehen. Die erste Kategorie möchte ich Ihnen mit einem Beispiel veranschaulichen.

Vor vielen Jahren lernte ich eine junge Frau kennen. Sie war sehr nett, und wir verstanden uns gut. Sie wurde schwanger und heiratete den Vater des Kindes. Als das Kind auf der Welt war, gab es Probleme in der Beziehung, und er verließ sie. Anstatt sich nun aufzuraffen und ihr Leben in den Griff zu bekommen, beklagte sie ihr Dasein als alleinerziehende Mutter und ihre zahlreichen gesundheitlichen Probleme. Sie traute sich kaum noch, das Haus zu verlassen, und war nur noch ein Häufchen Elend. Sie erzählte stets stundenlang, wie schlecht es ihr gehe, sodass ich nach jedem Gespräch mit ihr völlig deprimiert war. Kein Wunder, denn es fiel nie ein positives Wort. Nach jedem Gespräch mit ihr brauchte ich eine Weile, bis mein Energiepegel so weit angestiegen war, dass ich mich wieder normal fühlte. Irgendwann hatte ich einfach nicht mehr die Kraft, sie wieder anzurufen, denn das änderte auch nichts an ihrer Misere.

Typisch für solche Energieräuber ist übrigens, dass sie sich selbst so gut wie gar nicht bei anderen melden. Schließlich geht es ihnen angeblich so schlecht, dass es doch jeder merken müsste.

Energieräuber vergraben sich in ihrem Elend und erwarten dabei ständiges Mitgefühl und Aufmerksamkeit von ihrer Umgebung.

Bekommen Energieräuber zu wenig Aufmerksamkeit, wird man von ihnen oft mit Vorwürfen überschüttet. »Du meldest dich ja nie!« ist eine typische Aussage dieser Personen.

Die zweite Art von Energieräubern ist nicht so leicht erkennbar. Diese Energieräuber entziehen ihren Mitmenschen auch nicht ganz so viel Energie auf einmal wie oben veranschaulicht. Aus energetischer Sicht sind sie jedoch gefährlicher, weil sie einem schleichend und kontinuierlich Energie abzapfen und man es noch weniger bemerkt. Umgibt man sich häufig mit diesen Menschen, etwa weil man eng mit ihnen zusammenarbeitet, weil sie zum engen Freundeskreis oder gar zur Familie gehören, so gewöhnt man sich an das niedrigere Energieniveau, das diese Menschen in einem verursachen. Hat man sich dann jedoch von einem solchen Energieräuber befreit, merkt man plötzlich, wie reduziert man sich zuvor gefühlt hat. Hinterher ist man meistens klüger.

Diese Energieräuber betonen gern, was sie alles tun und leisten.

Sie sitzen auch nicht so offensichtlich in ihrem Elend fest wie die der ersten Kategorie. Nach außen hin sind sie sehr engagiert und bemüht, aus ihrem Lebensfrust herauszukommen. Doch effektiv sind sie dabei nicht, sie tun immer nur so. Das Leben sei so schwer und die Umstände so schwierig, denken sie. Dieses oder jenes sei schuld daran, dass sich nicht wirklich etwas zum Positiven verändere.

**Diese Art der Energieräuber erkennt nicht,
dass sie allein für ihre Misere verantwortlich ist.**

Außerdem beziehen sie ihre Lebensenergie von ihren Mitmenschen und sind in Wirklichkeit auch nicht daran interessiert, etwas an ihren Lebensumständen zu ändern. Sie haben sich an die Bequemlichkeit gewöhnt und wollen sie nicht aufgeben. Würden sie etwas an ihren Umständen ändern, wäre dies für sie sehr anstrengend. Schließlich müssten sie ihre festgefahrenen Einstellungen und oft auch ihre Lebensumstände radikal verändern. Daher gehen sie lieber weiterhin den Weg des geringsten Widerstands, auf Kosten ihrer Umgebung.

Die verschiedenen Energieräuber haben meist eines gemeinsam: Sie leben hauptsächlich in der Negativität, es ist immer das Außen schuld an ihren Problemen, sie brauchen immer Hilfe, sie geben nicht viel, aber nehmen ständig (hier ist nichts Materielles gemeint), und sie klagen gern. Diese Menschen reden hauptsächlich über sich und interessieren sich nicht dafür, welche Probleme andere haben, denn mit ihnen wollen sie sich ohnehin nicht beschäftigen.

Diese Energieräuber sind so sehr mit sich selbst beschäftigt, dass alles andere aus ihrem Bewusstsein schwindet.

Bei Gesprächen mit ihnen kommt es niemals zu einem wirklichen Austausch, alles fließt nur in eine Richtung. Nie werden Sie von ihnen wirklich etwas zurückbekommen, zumindest nicht im energetischen Sinn. Sie können bei diesen Menschen nur etwas verlieren, niemals etwas gewinnen.

Es ist Ihre Lebenskraft, die Sie opfern, ohne dass es einen wirklichen Effekt auf den Räuber hat.

Aber Sie schaden sich dadurch selbst. Sie schaden sich jedes Mal, wenn Sie Ihre kostbare Energie verschwenden. Sie ist Ihr Kapital in diesem Leben, Ihr Schlüssel zum Glück. Geben Sie sie nicht einfach weg, der andere kann und wird sie nicht nutzen und weiß obendrein Ihr energetisches Opfer nicht zu schätzen.

Der Energieräuber hält es für eine Selbstverständlichkeit, dass Sie ihm alles geben, was er benötigt: Ihre Aufmerksamkeit, Ihre Hilfe und Ihre Lebensenergie.

Sie helfen ihm und ruinieren sich dabei selbst. Sie hören ihm zu und verlieren Ihre Stimme. Sie sind für ihn da und vergessen sich selbst. Sie geben ihm Energie und verlieren Ihre Stärke. Sie geben ihm Kraft und verlieren Ihr Selbst. Denken Sie an sich, und damit denken Sie auch an ihn. Hören Sie auf Ihr Innerstes, denn Ihre Seele weiß genau, dass Sie dem Energieräuber so nicht helfen können. Ihre Seele kennt die wirklichen Probleme des Energieräubers und auch die Tatsache, dass er selbst sie lösen muss. Geben Sie Ihre Energie nicht leichtfertig ab. Achten Sie auf Ihr Selbst. Dadurch geben Sie dem Energieräuber Kraft und Stärke.

Eine dritte und besonders gefährliche Kategorie der Energieräuber sind die unauffälligen und vermeintlich hilfsbereiten Personen im näheren Umfeld, die sogenannten getarnten Egoisten. Diese Menschen scheinen sehr freundlich und sozial zu sein. Sie sind nach außen hin stets bereit, anderen zu helfen. Sie erscheinen immer bemüht, ihr Bestes zu geben. Gleichzeitig offenbaren sie, wie viel sie zu tun hätten, unter welchem permanenten Druck sie stünden und wie schwierig ihre Lebenssituation doch wäre. Dabei vermitteln sie dem Gegenüber oft ein schlechtes Gewissen, damit sie möglichst nicht mit neuen Aufgaben »belästigt« werden. Sie vermitteln indirekt vielmehr, dass man ihnen helfen müsste, anstatt selbst ihre Hilfe anzubieten. Wenn man diese Personen dennoch bittet, bei Schwierigkeiten einzuspringen, bekommt man meist eine negative Antwort wie: »Leider kann ich heute nicht. Ich hätte ja so gerne geholfen, aber vielleicht klappt es ja beim nächsten Mal.« Helfen sie doch einmal jemandem, dann bekommt dieser es noch später vorgehalten: »Damals habe ich geholfen. Ich helfe doch immer, wenn ich kann.« Diese Energieräuber wollen von ihrer Umgebung stets Mitleid bekommen. Ihre Mitmenschen und Kollegen müssen dann für den getarnten Egoisten mitarbeiten oder ständig einspringen und helfen. Die Umgebung tut viel, ist verständnisvoll und bemüht, der Person an allen Ecken und Enden zu helfen.

Irgendwann bemerken die Mitmenschen des getarnten Egoisten, dass eine solche Situation sie belastet, aber da viele Menschen mitfühlend sind und sich für andere einsetzen, werden der Frust und der Energieverlust ständig verdrängt. Schließlich will man kein Unmensch sein und den anderen nicht vor den Kopf stoßen. Außerdem hat der getarnte Egoist wirklich Probleme in seinem Leben. Der Energieräuber ist nicht allein lebensfähig. Er ist permanent auf die Hilfe seiner Mitmenschen angewiesen. Seine Familie, seine Freunde, seine Arbeitskollegen werden dauerhaft gefordert, ihm zu Hilfe zu kommen. Mit der Zeit leidet der Energieräuber unter Beziehungsproblemen, familiären Streitereien und Überforderung im Arbeitsleben.

Dass die Probleme des Energieräubers selbstverschuldet sind, wird aber weder von ihm selbst noch von den Mitmenschen, die neu in seinem Umfeld sind, erkannt.

Menschen, die für den Energieräuber und seine Probleme kein Verständnis haben, sind für ihn nicht interessant, und daher baut er erst gar keine Beziehung zu ihnen auf.

Diese Art Mensch entzieht über einen längeren Zeitraum hinweg ihren Mitmenschen nach und nach mehr Energie. Anfänglich haben diese sein Verhalten vielleicht noch nicht durchschaut, und je mehr Zeit vergeht, desto schwieriger ist es, den Energieraub zu beenden. Dieser wird jedoch auf Dauer mit jedem Kontakt und jedem negativen Ereignis stärker.

Beziehungen zu einem Energieräuber dauern oft viele Jahre, bevor es einem in seiner Anwesenheit so schlecht geht, dass man fast schon gezwungen ist, dem Energieraub Einhalt zu gebieten.

Zu diesem Zeitpunkt fällt es jedoch vor allem im Freundeskreis oder in der Familie sehr schwer, eine deutliche Grenze zu ziehen. Der getarnte Egoist wird sich auch mit Händen und Füßen dagegen wehren, denn er lebt ja bereits seit Jahren auf Kosten anderer und möchte dies natürlich nicht ändern. Gleichzeitig würde er sich selbst nie als egoistisch ansehen, er tut ja schließlich, was er kann.

Neben den Energieräubern, die durch ihr Verhalten anderen Energie rauben, gibt es noch Energievampire, die aus einem anderen Grund anderen Energie entziehen.

Energievampire meinen, sie erhielten nicht genug Energie, und ziehen deshalb Energie von anderen ab.

Dies geschieht natürlich nicht bewusst, denn die wenigsten unter ihnen beschäftigen sich mit Energie. Der eigentliche Grund, warum sie ihren Mitmenschen die Energie stehlen, ist, dass sie sich selbst nicht gut fühlen und unzufrieden sind. Ständig stört sie etwas, und an allem haben sie etwas auszusetzen. Diese Personen sind meist ausschließlich negativ eingestellt, und es stört sie unterbewusst, wenn es anderen besser geht als ihnen. Schließlich denken sie: »Geteiltes Leid ist halbes Leid.« Diese Menschen sind Energievampire.

Sie ertragen es einfach nicht, wenn ihr Umfeld fröhlich und im Einklang mit sich und der Welt ist. Sie möchten andere auf ihre Ebene ziehen. Daher beklagen sie sich so lange, bis sie die volle Aufmerksamkeit ihrer Mitmenschen haben. Viele Menschen sind zu gutmütig und wollen dieser negativ denkenden Person helfen, aus ihrem Tief herauszukommen. Daher schenken sie ihr Gehör und versuchen, mit Argumenten und Worten zu helfen.

**Am leichtesten tappen Familienmitglieder
in diese energetische Falle.**

Der Unglückliche wird geliebt, und man möchte den Angehörigen
nicht mit seinem Unglück allein lassen. Auch Freunde handeln oftmals so.

**Wenn Sie Ihre Aufmerksamkeit auf die
vermeintlichen Probleme des Energievampirs richten,
entsteht eine energetische Verbindung zwischen ihm und Ihnen.**

Sämtliche Energie wird zu der negativ denkenden Person gezogen,
weil die positiv eingestellte Person aus Mitgefühl ihre Aufmerksamkeit auf die Frustrationen richtet, anstatt selbst von Positivem zu sprechen. Es dauert dabei nicht lange, und der positiv denkende Mensch
verliert Energie, während der Räuber sich in seinem, meist selbst ver-
schuldeten, Leid sonnt. Nach dem Kontakt mit einem Energievampir
fühlt sich der anfangs positiv eingestellte Mensch leer und kraftlos.
Die ganze Positivität ist auf einmal, mitsamt der Energie, die sich
zuvor in seinem Körper befunden hatte, verpufft. Auch der negativ
eingestellte Mensch sprüht nun, nach wie vor, nicht vor Tatendrang
und Kreativität, denn er will eigentlich gar nicht aus seinem Elend
heraus. Er möchte nur nicht damit allein sein. Daher kann er auch
nichts mit der Energie, die er von seinen Mitmenschen abgezogen
hat, anfangen. Das Ergebnis in solchen Fällen ist stets das gleiche:

Die Energie ist weg, und das Elend bleibt.

Viele Energievampire betreiben ihren Raub auch mithilfe von
Krankheiten, indem sie vom Mitleid ihrer Mitmenschen leben. Sie

haben ständig irgendwelche Beschwerden und Krankheitssymptome. Sie beklagen sich den ganzen Tag darüber, wie schlecht es ihnen angeblich geht, ohne wirklich krank zu sein. Aber Vorsicht: Nicht jeder Mensch, der über Schmerzen klagt, ist ein Energieräuber. Ein Mensch, der wirklich an Krankheiten leidet, beklagt sich jedoch meist nicht tatenlos über einen längeren Zeitraum hinweg, sondern sucht nach einer wirksamen Therapie.

Der Energievampir hingegen möchte keine therapeutische Hilfe, auch wenn er es noch so sehr betont, denn er bezieht die ersehnte Aufmerksamkeit aus dem Mitleid seiner Mitmenschen. In diesem Fall kann auch keine Therapie helfen, denn die gesamte Aufmerksamkeit ist auf die Erkrankung ausgerichtet, und die Energie fließt dorthin und erhält sie am Leben.

Damit Schmerz verschwinden kann, müssen wir ihn loslassen und unsere Aufmerksamkeit auf etwas anderes richten.

Die Energievampire suchen geradezu nach Krankheiten. Sie lassen sich oft von oben bis unten untersuchen, damit sie endlich behaupten können, diese oder jene Krankheit zu haben.

Jedes Mal, wenn der Arzt nichts findet, sind sie enttäuscht, und stets suchen sie weiter, denn irgendetwas in ihrem Körper muss doch krank sein. Mit der zweiten Aussage haben Energievampire zwar recht, allerdings bezieht sie sich nicht auf den Körper, sondern auf die Seele.

In Wirklichkeit ist die Seele eines Energievampirs krank.

Das Schlimme ist, dass die Energievampire oft jahrelang nach Krankheiten suchen und an diesen festhalten, bis sie wirklich ernsthaft körperlich krank werden.

Energievampire sind meist Egomanen und halten sich für den Nabel der Welt. Alles muss sich um sie drehen. Stehen sie nicht im Mittelpunkt, so setzen sie alles daran, diesen Zustand zu ändern. Ihre negativen Einstellungen sorgen für eine niedrige Schwingungsrate in ihrem Körper. Dadurch ist ihr Energiepegel sehr niedrig. Dieser Zustand wiederum fördert Krankheiten, Verletzungen und Unfälle. So entsteht ein Teufelskreis, den nur die betroffene Person selbst durchbrechen kann. Tut sie dies nicht, ist wirkliches Leid programmiert.

Neben dieser negativen Art des Energieaustauschs zwischen zwei Personen gibt es aber auch Arten von Beziehungen, die für alle Beteiligten einen Gewinn an Energie darstellen.

Energie in glücklichen Beziehungen

Wenn zwei Menschen miteinander auf einer Schwingungsebene sind,
ist das für beide energetischer Hochgenuss.

Wie bereits beschrieben, potenzieren sich die Gedankenkraft und die damit verbundene Energie, wenn mehrere Menschen die gleiche Botschaft aussenden. Doch auch wenn es sich nur um zwei Personen handelt, verändert sich das Energieniveau gegenüber einer einzigen Person erheblich. Zwei Personen zu einer Einheit im Bereich Wünsche, Ziele und Bedürfnisse zu bringen, ist außerdem wesentlich einfacher, als wenn noch mehr Menschen daran beteiligt sind.

Am Anfang einer neuen Partnerschaft, wenn beide Partner das Gefühl haben, den Traumpartner gefunden zu haben, schweben sie wie auf einer Wolke. Beide haben die gleiche Einstellung, dieselben Interessen, und ihr neuer Partner ist in dieser Zeit der wichtigste Mensch für sie. Dadurch fließt beiden Partnern viel Energie vom anderen zu.

Für Außenstehende scheinen sich Frischverliebte
völlig verändert zu haben.

Dies ist teilweise tatsächlich der Fall. Schließlich wollen beide nur ihr Bestes zeigen. Von der energetischen Seite aus betrachtet, haben sich auch die Schwingungen der beiden Partner und ihr energetisches Niveau verändert. Daher erscheinen sie nach außen hin, für jemanden, der sich immer noch im gleichen Energiebereich wie vorher befindet, völlig verändert.

Nach einiger Zeit ändert sich die Energiesituation wieder. Die gemeinsame Harmonie findet ein Ende. Einer oder beide Partner versuchen, ihre Individualität wieder mehr zu leben, und kapseln sich voneinander ab. Dies liegt daran, dass die anfängliche Maskerade des perfekten Partners nur eine gewisse Zeit aufrechterhalten werden kann. Irgendwann kommen die menschlichen Fehler, die bisher erfolgreich versteckt wurden, zum Vorschein. Dies ist ein natürlicher Prozess, denn kein Mensch ist fehlerfrei. In diesem Stadium beginnt die eigentliche Beziehung, denn erst jetzt lernt man den Partner wirklich kennen. Diskussionen, Rechtfertigungen, Verteidigungen und Angriffe werden immer häufiger. Es entsteht ein Machtkampf um die Energie.

Wenn einer der beiden Partner die Energiezufuhr drosselt, sinkt bei dem anderen das Energieniveau erst einmal rapide ab.

Beide Partner haben sich an die Energie, die ihnen vom anderen zugeführt wurde, gewöhnt und daher nicht oft auf andere Energiequellen zurückgegriffen. Wenn eine Beziehung dauerhaft bestehen soll, gilt jedoch:

Jeder sollte auf Energiequellen außerhalb der Beziehung zugreifen können.

Wichtig in einer Beziehung ist, dass keine Abhängigkeit vom Partner entsteht, schließlich musste man auch schon vor der Beziehung für Energieaustausch sorgen. Wenn beide Partner es schaffen, sich gegenseitig Energie zu geben, ohne zu viel vom anderen zu nehmen, ist dies eine energetische »Win-win-Situation«.

Zwei Menschen, die energetisch im Gleichklang miteinander sind, bilden meiner Meinung nach die bestmögliche Einheit auf unserer Erde.

Ich bin mir durchaus bewusst, dass viele Menschen Singles sind, in unglücklichen Beziehungen leben oder sich nur einbilden, eine gute Ehe zu führen. Jedoch ist es wunderbar, die passende andere Hälfte zu finden, die einen erst vollständig macht – auch energetisch gesehen.

Allerdings gibt es auch Seelen, die dieses Leben allein verbringen müssen, um eine bestimmte Erfahrung machen zu können.

Entscheidend ist, dass wir in diesem Leben glücklich sind.

Meistens gelingt uns dies leichter, wenn wir einen Partner haben, den wir über alle Maßen lieben können und der uns genauso liebt wie wir ihn. Das gibt uns Kraft und Energie. Dies lässt uns wiederum die Probleme des Alltags bewältigen und gibt uns die Fähigkeit, an den Schwierigkeiten des Lebens gemeinsam zu wachsen. Dadurch sind wir in der Lage, noch mehr Energie zu tanken.

In glücklichen Beziehungen vereinbaren die Partner miteinander eine Art Vertrag: »Ich gebe dir alles, und du gibst mir alles – die Sonne, die Luft und deine allumfassende Liebe.« In diesen Beziehungen bilden die Partner eine Einheit, die niemand trennen kann. Keiner der Partner verspürt den Wunsch, die Einheit zu brechen, denn alles, was er braucht, um glücklich zu sein, bekommt er von seinem Partner. Vielleicht fragen Sie sich nun, was passiert, wenn einer der beiden Partner stirbt und den anderen verlassen muss. Es passiert Folgendes: Derjenige, der zurückbleibt, wird seinen Partner sehr vermissen, weil er nicht mehr physisch bei ihm ist. Aber dennoch weiß er, dass die gemeinsame Zeit, die sie hatten, ihn für die nun folgende Einsamkeit entschädigt. Er weiß, dass die gemeinsame Zeit viel kostbarer ist, als die Zeit, die sie getrennt verbringen müssen. Und auch wenn der Partner in eine andere Dimension gegangen ist, ist er immer noch im Herzen des anderen. Er ist immer noch die zweite Hälfte seiner Seele.

**Wenn ein Paar zu Lebzeiten glücklich verbunden war,
ist es dies bis in alle Ewigkeit.**

Das unterstützt die Statistiken, die besagen, dass viele Menschen aus langjährigen glücklichen Beziehungen innerhalb eines Jahres nach dem Tod ihres Partners ebenfalls sterben.

Eine intensive Beziehung zu anderen Menschen sollte immer gelebt werden, nicht nur mit dem Lebenspartner, sondern auch mit unseren Kindern und Eltern, mit unseren Familien und Freunden, mit Bekannten und Kollegen. Dabei sollten wir nie egoistisch handeln.

**Jederzeit sollten wir alle zuerst an den anderen denken
und dann erst an uns selbst.**

In der Realität kommt das leider nicht oft vor, denn wenn alle Menschen zuerst an andere denken würden, gäbe es keine zwischenmenschlichen Probleme, keinen Krieg und kein Leid. Wenn dies im Großen nicht immer erreicht werden kann, sollten wir wenigstens versuchen, diesen Grundsatz in einer Partnerschaft zu leben. In einer glücklichen Beziehung leben beide Partner in einer Symbiose.

**Eine glückliche Beziehung ist ein
immerwährender Energiespender.**

Ich habe die meiste Zeit von einer Beziehung zwischen zwei lieben-
den Menschen geschrieben. Wie bereits erwähnt, ist diese Art von
Beziehung jedoch auch in anderen Personenkonstellationen möglich. Beispielsweise können auch eine Mutter und ihr Sohn oder ein
Vater und seine Tochter sich gegenseitig Kraft geben, wenn sie eine
glückliche und liebevolle Bindung haben. Allerdings müssen hier
wesentlich mehr Grenzen gewahrt werden. In diesem Fall darf ein
Kind nicht als Partnerersatz für einen Elternteil betrachtet werden.

**Wir müssen unser Kind in erster Linie lieben
und es dadurch energetisch fürs Leben stärken.
Wir dürfen es jedoch nicht als unseren Besitz betrachten.**

Unser Kind hat sein eigenes Leben und das Recht, eigene Erfahrungen zu sammeln. Als Vater oder Mutter will man immer nur das
Beste für sein Kind, doch es darf nicht der Fehler gemacht werden,
die eigene Kindheit durch das eigene Kind neu leben zu wollen.
Viele Eltern machen diesen Fehler, indem sie ihr Kind zwingen,
all den Hobbys nachzugehen, die sie selbst als Kinder nicht leben
konnten. Es ist schön, wenn Erwachsene sich wünschen, dass es
ihr Kind einmal besser hat als sie selbst, aber es darf nicht vergessen werden, dass ein Kind sein eigenes Leben hat und auch leben
muss. Eltern können ihr Kind ein Stück seines Lebens begleiten,
doch dann müssen sie es gehen lassen.

**Ein Kind, das sich nicht verwirklichen darf,
ist seiner Kraft- und Energiezufuhr beraubt.**

Natürlich müssen Eltern ihrem Kind gesunde Grenzen setzen. In diesem Fall geht es jedoch um etwas völlig anderes, nämlich darum, die Wünsche und Lebensziele des eigenen Kindes zu unterstützen. Denn diese können anders sein, als es die eigenen Lebensvorstellungen sind. Nehmen wir einmal an, Ihr Kind möchte später unbedingt Musiker werden.

Eltern sollten das Talent ihres Kindes fördern.

Eltern sollten ihr Kind nicht von dessen Wünschen abbringen. Sonst verschwenden beide Seiten, die Eltern und das Kind, viel Energie in einem Machtkampf, an dessen Ende es nur Verlierer geben kann. Das Kind verliert, weil es nicht beidem, dem verlangten Weg der Eltern und seinem eigenen Wunsch nach Musik, gerecht werden kann, und die Eltern verlieren die gute Beziehung zu ihrem Kind.

**Achten Sie Ihr Kind als eigenständige Persönlichkeit,
das eine gewisse Zeit sein Leben mit Ihnen teilt,
aber dennoch das Recht hat, sein Leben selbst zu gestalten.**

Nicht die Eltern sollten vorschreiben, welchen Beruf das Kind wählt oder welcher Partner der richtige für es ist, sondern das Kind selbst sollte die Wahl haben dürfen und dabei gleichzeitig die Unterstützung der Eltern genießen, die es mit all ihren Möglichkeiten unterstützen und fördern. Was wir für richtig halten, mag für uns richtig sein, es muss jedoch nicht für unser Kind das Richtige sein.

**Jeder Mensch hat eigene Vorstellungen und seinen eigenen
Lebensplan, dem er mit seiner Seele folgen muss.**

Menschen mit viel Energie

Ein hohes Energieniveau bedeutet Glück.

Glückliche Menschen haben viel Energie, denn Glück und eine gute Einstellung zum Leben sind mit einem hohen Energieniveau verknüpft.

Diese Menschen fallen bereits von Weitem auf. Auch wenn wir ihre Aura nicht sehen können, sehen wir das Strahlen und Leuchten dieser Menschen. Wir halten uns gerne in ihrer unmittelbaren Umgebung auf, denn sie haben so viel Energie, dass sie immer auch etwas davon an ihr Umfeld abgeben. Wenn wir mit ihnen reden, funkeln ihre Augen als Spiegel ihrer zufriedenen Seele. Gleichzeitig ist ihr Blick tief und klar und verströmt Ruhe und Frieden. Solchen Menschen scheint alles im Leben zu gelingen, sie scheinen niemals Schwierigkeiten zu haben. Sie strahlen Glück und Zufriedenheit aus, welche sie innerlich auch so empfinden. Ihr Gewissen ist rein, und sie würden niemals einem anderen Menschen absichtlich schaden. Oft handelt es sich um Menschen, die unglaublich viel leisten und in den meisten Lebensbereichen erfolgreich sind. Allerdings sind sie auch mit dem, was sie haben, zufrieden und beklagen sich nicht. Sie sind Energiespender für die Seelen ihrer Mitmenschen. Sie verbreiten gute Laune, Zufriedenheit, gute Ratschläge und eine Aura von Glück. Diese Menschen geben anderen Kraft, anstatt ihnen Energie zu entziehen.

Menschen mit viel Energie haben gelernt, sich energetisch auszugleichen, ohne ihre Mitmenschen energetisch anzuzapfen.

Sie sorgen für einen eigenständigen Energiekreislauf und holen sich zusätzliche Energie, etwa aus der Natur. Es gibt nicht sehr viele Menschen um uns herum, die dies geschafft haben. Manche erreichen diesen Zustand nie, zumindest nicht in diesem einen Leben. Dennoch sollten wir stets danach streben.

Menschen in Ihrer Umgebung

Sie können andere nicht ändern, sondern nur Ihre eigene Entwicklung vorantreiben.

Nachdem wir besprochen haben, welche Arten es gibt, mit unseren Mitmenschen energetisch in Kontakt zu treten – auf positive oder negative Weise –, sollten Sie nun gedanklich die Menschen in Ihrem Umkreis durchgehen. Jeden einzelnen – Kollegen, Freunde, Bekannte, Familie. Bei welchen Personen fühlen Sie sich motiviert und aufgeladen, nachdem Sie Kontakt mit ihnen hatten? Welche Personen machen Sie traurig und deprimiert? Welche Menschen bringen Sie zum Lachen und welche zum Weinen? Welche Menschen richten Sie nach Schwierigkeiten auf, welche bringen Sie tiefer hinein? Bei welchen Menschen geht bereits die Sonne auf, wenn sie Ihnen begegnen, und bei welchen wird es düster? Wer strahlt Sie an, und wer blickt Ihnen traurig entgegen? Wer treibt Sie zu mehr Leistung an, und wer behindert Sie bei Ihrer Arbeit? Wer ist mit Ihnen auf einer Wellenlänge, und wer dämpft Ihre Stimmung? Wer gibt Ihnen Kraft, und wer saugt Sie regelrecht aus? Wer macht Sie glücklich und zufrieden, und wer verbreitet Kummer und Sorgen?

Was sind die Menschen, mit denen Sie sich umgeben?
Haben Sie mehr Energieräuber um sich geschart
oder mehr Energiespender?

Sind Sie vielleicht selbst ein Energieräuber? Oder findet bei Ihren zwischenmenschlichen Kontakten immer ein positiver Energieaustausch statt, von dem beide Parteien profitieren?

Erkennen Sie, welcher Kontakt Ihnen guttut und welcher Sie belastet. Reflektieren Sie genau. Notieren Sie Ihre Gedanken:

_____

_____

_____

_____

_____

_____

_____ …

Auch wenn Sie eine Person lieben, etwa weil sie ein Familienmitglied ist, kann der Kontakt zu ihr erschöpfend und energieraubend sein. Wenn Sie mit jemandem in einer solchen Beziehung stehen, gestehen Sie es sich selbst gegenüber ein, indem Sie es aufschreiben. Sie müssen es niemandem erzählen, aber Sie sollten sich selbst gegenüber absolut ehrlich sein.

Seien Sie sich bei der Beantwortung dieser Frage stets bewusst, dass Sie den anderen nicht ändern können. Das ist auch nicht Ihre Aufgabe. Ihre Aufgabe ist die eigene Entwicklung.

Wenn sich der andere durch Ihre Arbeit ebenfalls verändert, ist dies gut. Es ist aber nicht notwendig.

TEIL III

VERBESSERUNG DES ENERGIESYTEMS

Erkennen von Energiemangel

Energie ist für unser Leben unersetzlich und ein Energiedefizit fatal.

Will man das eigene Energiesystem nachhaltig verbessern, ist es wichtig, zunächst zu erkennen, ob ein Energiemangel vorliegt.

Die Anzeichen dafür sind eher diffus. Oft merkt es der Betroffene selbst kaum. Ist der Energiemangel wieder vorbei, spürt allerdings jeder Mensch einen deutlichen Unterschied zu vorher.

Übung – *Energiemangel*

Damit es Ihnen leichter fällt, den derzeitigen Zustand Ihres Energiesystems einzuschätzen, habe ich die folgenden Aussagen zusammengestellt. Führen Sie diese Übung ruhig nach einigen Wochen oder Monaten erneut durch, wenn Sie etwas in Ihrem Leben geändert haben. So können Sie leicht feststellen, ob Sie energetisch richtig an sich gearbeitet haben.

Folgende Anzeichen können für ein Energiedefizit sprechen. Kreuzen Sie die Aussagen an, die auf Sie zutreffen:

	trifft zu	*trifft nicht zu*
Ich bin andauernd müde.		
Ich bin oft tollpatschig.		
Ich leide oft an Konzentrationsmangel.		
Ich leide an Depressionen.		
Ich bin kaum belastbar.		

	trifft zu	trifft nicht zu
Ich habe das Gefühl, permanent unter Zeitdruck zu stehen.		
Ich bin sehr emotional.		
Ich bin träge.		
Ich habe häufig Infekte.		
Mir passieren häufig kleine Unfälle.		
Ich habe das Gefühl, im falschen Leben zu sein.		
Ich fühle mich oft traurig.		
Mein Leben besteht aus mehr Frust als Freude.		
Ich verliere regelmäßig meine Arbeit.		
Ich fühle mich vielen Situationen nicht gewachsen.		
Bereits banale Tätigkeiten überfordern mich.		
Ich fühle mich unfähig, den Alltag zu bewältigen.		
Ich habe starken Stress mit oder in meiner Familie.		
Ich empfinde Hass auf meine eigene Person (Charakter/Körper).		
Ich weise ein Suchtverhalten auf (etwa Nikotin-, Alkohol- oder Drogensucht, Kauf- oder Waschzwang).		
Meine Träume und Wünsche werden nicht wahr.		
Ich werde ab und an auf mein verhärmtes Aussehen aufmerksam gemacht.		

	trifft zu	trifft nicht zu
Ich wechsle häufig meinen Partner bzw. habe immer wieder Beziehungsprobleme.		
Ich habe das Gefühl, dass das Leben schlecht ist.		
Ich bin freudlos.		

Wenn Sie die Aufzählungsweise beobachtet haben, wird Ihnen aufgefallen sein, dass alle Punkte negativ sind. Je mehr Punkte auf Sie zutreffen, desto niedriger ist Ihr Energiepegel.

Nachdem Sie sich des aktuellen Zustandes Ihres Energiehaushalts bewusst geworden sind, kommen wir nun dazu, wie Sie Energieblockaden lösen und dadurch Ihren Energiepegel erhöhen können.

Entfernen von Energieblockaden

Alles, was uns nicht guttut, ist eine Energieblockade und gehört abgeschafft.

Im Leben sollte sich alles stimmig und richtig anfühlen. Dann zieht man energetisch auch das Richtige an. Nur so kann die Energie ungehindert durch unseren Körper fließen. Nur so sind wir auf dem richtigen Weg. Tief in uns wissen wir genau, wie die Dinge laufen sollen. Wir wissen exakt, was richtig für uns ist, und dennoch entscheiden wir uns oft falsch. Wir suchen uns die falschen Partner, die falschen Freunde, die falsche Arbeit aus. Warum tun wir das immer wieder?

Der Durchschnittsmensch wird durch Angst bestimmt.

Er hat Angst zu versagen, er hat Angst, nicht geliebt zu werden, er hat Angst, nicht geachtet und respektiert zu werden. Angst ist die größte Energieblockade auf der Welt. Nichts blockiert Energie stärker.

Das bedeutet, dass wir durch unsere Angst die Situationen, die wir fürchten, in unser Leben ziehen.

Wir strahlen unsere Angst energetisch aus. Nachdem so viele Menschen von Angst beherrscht werden, liegen viele Angstenergien in der Luft. Wenn wir selbst nun eine Form der Angst ausstrahlen, bekommen wir die Angst vielfach zurück, denn sämtliche Angstenergien fremder Personen finden nun den energetischen Weg zu uns zurück. Wir bekommen daher nicht dieselbe Menge an negativer Energie, die wir aussandten, zurück, sondern ein Vielfaches davon.

Angst und Energie passen niemals zusammen.

Haben wir Angst, schmälert dies unsere Energie. Haben wir viel Energie, haben wir keine Angst. Wenn wir mit allem zufrieden sind, was wir haben, und nichts anderes begehren, dann brauchen wir auch vor nichts Angst zu haben. Angst setzt immer einen Verlust voraus. Wenn wir jedoch nichts verlieren können, dann haben wir auch vor nichts Angst.

**Wenn wir keinerlei Angst haben,
pulsiert die Energie in und um unseren Körper
und beschützt uns vor allem Negativen dieser Welt.**

Wenn wir keine Angst verspüren, werden wir durchs Leben getragen, alles Gute fließt uns zu, und die Dinge, die nicht optimal sind, belasten uns nicht. Wir werden durch den Energiefluss ohne viel Anstrengung zu sämtlichen Orten, Personen und Situationen gebracht, die uns guttun. Unser Energiefluss bringt uns in unserer Entwicklung weiter und unseren Zielen näher.

Lösen Sie sich von Ihren Ängsten.

Sie brauchen die Angst in Ihrem Leben nicht, eine gesunde Vorsicht ist ausreichend. Wenn Ihnen bestimmte Personen Angst machen, dann lösen Sie sich von der Angst. Wenn dies nicht möglich ist, dann müssen Sie sich von diesen Personen lösen. Das Gleiche gilt für Situationen, die Ihnen nicht guttun und die Ihnen widerstreben.

Immer, wenn sich irgendetwas in Ihrem Inneren sträubt, blockiert es Ihre Energie.

Sie müssen sich von dem lösen, was Sie blockiert.

Warten Sie nicht darauf, dass die guten Dinge von selbst zu Ihnen kommen und Sie danach die Möglichkeit erhalten, die schlechten Dinge zu ändern.

Dies ist auf alles übertragbar: Wenn Sie mit Ihrer Wohnung unzufrieden sind, dann müssen Sie erst die Entscheidung treffen, umzuziehen, damit Ihnen eine schöne neue Wohnung angeboten werden kann. Solange Sie nämlich eine negative Stimmung ausstrahlen, kann auch nur energetisch Negatives zu Ihnen gelangen. Bleiben Sie keinem Lebensumstand auf Dauer verhaftet und mit keinem Menschen ewig zusammen, wenn Sie dadurch belastet werden. Sie fügen sich damit nur selbst Schaden zu, und Ihre Energie wird immer langsamer fließen.

Meist fallen derartige Entscheidungen sehr schwer. Jahrelang ist man mit einer Person zusammen, man möchte sie nicht verletzen und schluckt daher ständig seinen Ärger und Frust herunter. Vielleicht hatte man früher eine schöne gemeinsame Ebene, doch irgendwann hat sich der eine vom anderen entfernt. Die Harmonie ist weg, und der Frust steigt. In Anbetracht der schönen vergangenen Zeiten hofft man, dass es irgendwann wieder so wird. Doch dazu gehören stets zwei Menschen. Wenn der andere sich sehr stark verändert hat, dann sollte man vielleicht nur eine gewisse Zeit miteinander verbringen und sich dann trennen. Nicht alle Dinge im Leben dauern ewig.

**Vieles besteht nur eine gewisse Zeit, dann ist es vorüber,
und wir müssen es loslassen.**

Dafür kommt etwas schönes Neues in unser Leben. Wenn wir uns jedoch an das Alte, das Aufgebrauchte klammern, kann das Neue nicht nachrücken. Dann bleiben wir dem Alten verhaftet und ärgern uns immer mehr darüber. Die Situation wird auf Dauer immer schlimmer, und wir müssen einiges an Leid erleben, bis wir endlich bereit sind, uns vollständig davon zu lösen. Wenn wir dies nicht tun, spitzen sich der Ärger und Frust immer weiter zu. Unsere Seele und die blockierte Energie zwingen uns am Ende dennoch, endlich auf Abstand zu gehen. Doch wir hätten es viel einfacher haben können, wenn wir auf unsere Empfindungen geachtet und sie nicht immer wieder ignoriert hätten.

**Seien Sie nicht nur nett zu anderen,
seien Sie es in erster Linie zu sich selbst.**

Achten Sie auf das Gleichgewicht beim Geben und Nehmen von Energie. Weder zu viel Geben noch zu viel Nehmen ist gut, stets ist der Ausgleich wichtig. Alles sollte in Balance sein. Die beiden Gegenteile vereinen sich immer zu einem Ganzen, ohne Schwarz kein Weiß, ohne Licht kein Schatten, ohne das Gute nichts Böses, ohne Himmel keine Erde, ohne Leid kein Glück, ohne Niederlage kein Sieg und ohne Krieg kein Frieden.

Das eine existiert niemals ohne das andere.

Wie eine Medaille hat alles im Leben zwei Seiten. Und Sie entscheiden, auf welcher Sie stehen. Es geht immer um Ihr Leben, und es ist immer Ihre Entscheidung. Niemand kann sie für Sie treffen. Nur Sie selbst können für sich wählen. Sie wählen die Energie, die zu Ihnen fließt, indem Sie die richtige Frequenz aussenden. Sie entscheiden, wer und was zu Ihnen gelangen darf, durch die Türen, die Sie öffnen. Sie selbst sagen Ja oder Nein zu allem, was in Ihrem Leben passiert. Wenn Ihnen etwas nicht gefällt, dann sagen Sie Nein. Können Sie das nicht, dann lernen Sie es.

Wenn Sie sehr viele verschiedene Probleme haben, beispielsweise Beziehungsprobleme, Probleme am Arbeitsplatz und mit der Wohnung, dann ist es nicht sinnvoll, alle gleichzeitig anzugehen. Dies führt sonst letztlich zu einer Überforderung. Überlegen Sie sich daher in Ruhe, welches Problem Sie am meisten belastet und daher als erstes angegangen werden soll. Sie sollten dabei auch darauf achten, Ihre Probleme in einer sinnvollen Reihenfolge zu lösen. Vielleicht bietet die Lösung eines Problems eine gute Möglichkeit, ein weiteres Problem anzugehen. Sich zuerst eine neue Wohnung zu suchen und erst danach eine neue Arbeitsstelle ist beispielsweise nicht unbedingt sinnvoll. Besser ist es, sich erst eine neue Arbeitsstelle zu suchen und im Anschluss daran eine Wohnung in der dortigen Umgebung zu beziehen.

Schutz vor Energieraub

Wir müssen auf unsere Bedürfnisse hören
und immer nur so viel Energie geben, wie wir bereit sind.

Nachdem wir im vorherigen Teil des Buches die verschiedenen Arten von Energieräubern betrachtet haben, möchte ich Ihnen nun zeigen, wie Sie sich vor Energieraub schützen können.

Doch Vorsicht! Verfallen Sie nicht in Egoismus. Wenn Sie bisher in der Beziehung zu einem Mitmenschen mehr gegeben haben als der andere, besteht nun die Gefahr, ins andere Extrem zu verfallen. Dann meinen Sie plötzlich, Sie seien nun an der Reihe zu nehmen. Doch damit ist Ihnen nicht wirklich geholfen, denn dann neigen Sie später sogar noch dazu, selbst zum Energieräuber zu werden, und befinden sich nicht mehr in der goldenen Mitte von Geben und Nehmen.

Lieben und achten Sie die Menschen, mit denen Sie sich umgeben. Schätzen und ehren Sie Ihre Freunde, Ihre Kollegen und Ihre Familie. Alle sind Seelen, alle sind Energiewesen.

Jeder hat seine Aufgaben, die er in seinem Leben erfüllen muss.

Sie unterscheiden sich in dieser Beziehung von keinem anderen Menschen. Die Frage ist nur, was Sie aus Ihrem Leben machen und was der andere daraus macht. Jeder beginnt am Start und muss in Richtung Ziel. Ob er auch dort ankommt, ist eine andere Frage.

Sie können anderen nicht das Ziel zeigen.
Sie können nur selbst Ihren Weg zum Ziel gehen.

Das sollten Sie auch immer anstreben. Der Weg mag manchmal hart sein und das Ziel sehr weit entfernt, doch dafür haben Sie viel Lebensenergie, die Ihnen Kraft und Ausdauer für diesen weiten Weg gibt. Verschwenden Sie diese Energie nicht, indem Sie sich durch andere Menschen anzapfen lassen. Sie verlieren dadurch Ihre gesamte Kraft und auch Ihren Weg aus den Augen. Der andere hat, wie Sie bereits erfahren haben, ebenfalls nichts davon.

Es gibt Menschen, die entziehen anderen viel Lebenskraft.

Alles gelangt zu diesen Menschen, aber nichts fließt wieder zurück. Menschen, die dies bewirken, tragen keine Liebe in sich. Sie lieben sich selbst nicht, daher können sie auch andere nicht lieben. Sie brauchen immer mehr Energie, und dennoch haben sie nie genug. Wenn sie könnten, würden sie ihre Mitmenschen bis auf den letzten Rest aussaugen. Denn sie glauben, ihnen gehe es schlecht und daher solle es auch anderen schlecht gehen. Dies passiert meist nur auf einer unbewussten Ebene, aber ihren Frust, Neid, Hass, Ärger und ihre Wut versuchen sie auf alle zu übertragen, nur, um diese Gefühle selbst loszuwerden. Doch wie Sie in diesem Buch bereits gelernt haben, funktioniert das Gesetz der Energie so nicht. Denn das, was man aussendet, bekommt man zurück.

Helfen Sie diesen Menschen.
Helfen Sie ihnen, indem Sie dem Energieraub Einhalt gebieten.

Diese Personen sind selbst für ihr Leid verantwortlich. Sagen Sie einfach Nein, und schlucken Sie nicht mehr alles hinunter. Sie tun sich sonst selbst damit weh, und dem anderen helfen Sie nicht aus seiner Situation heraus.

Leben Sie Ihr Leben, der andere kann Sie dann als Vorbild nehmen, aber beenden Sie den Energieraub!

Das ist Ihre menschliche Verantwortung. Das ist die Erwartung, die ein Energieräuber insgeheim an Sie hat. Er ist in einer Hinsicht Kind geblieben: Er hat nicht gelernt, energetisch für sich selbst zu sorgen. Helfen Sie ihm, erwachsen zu werden.

Zwingen Sie den Energieräuber, für eigene Energie zu sorgen.

Dies ist ein weitaus größerer Liebesbeweis, als wenn Sie ihn weiterhin mit Ihrer Energie versorgen. Kommen wir nun dazu, wie man es konkret erreichen kann, sich von einem Energieräuber zu lösen.

Lernen Sie, Nein zu sagen. Lernen Sie, Grenzen zu setzen. Gehen Sie niemals über den Punkt hinaus, den Sie in Ihrem Inneren nicht überschreiten wollen. Geben Sie nur so viel, wie Sie wirklich von Herzen aus geben möchten – niemals mehr. Hören Sie auf Ihre inneren Bedürfnisse: Was wollen Sie wirklich?

Haben Sie kein Mitleid, helfen Sie lieber richtig. Macht Sie der Umgang mit einem Menschen glücklich? Wenn nicht, dann sollten Sie die Beziehung überdenken.

Jetzt ist der richtige Zeitpunkt, alles Schlechte und alle belastenden Dingen auszumisten. Auch dann, wenn es sich um ehemals tolle Beziehungen handelt.

Wenn dies nun nicht mehr der Fall ist, dann müssen Sie eben jetzt etwas ändern. Sie können die schönen gemeinsamen Stunden in Erinnerung behalten, aber diese Zeit wird niemals wiederkommen, denn sie ist vorbei. Egal, wie die Vergangenheit war, sie ist vergangen. Trennen Sie sich von Dingen und Menschen, die Ihre Energie rauben, und leben und lieben Sie die Menschen, die es wert sind.

»Nein!«, oder: »Wie setze ich meine Grenzen?«

Bevor Sie lernen, Nein zu sagen, müssen Sie sich zunächst darüber klar werden, warum es uns Menschen oft so schwerfällt, anderen unsere Grenzen zu zeigen und diese auch zu verteidigen.

Manche Menschen haben von klein auf ein gesundes Selbstvertrauen. Andere müssen sich dies erst mühsam erarbeiten. Ob jemand über ein ausgeprägtes Selbstvertrauen verfügt oder nicht, hängt von zwei Faktoren ab: Der eine ist die Veranlagung. Manche Menschen kommen bereits mit einer gewissen Portion Selbstsicherheit auf die Welt, andere sind von Haus aus unsicherer oder schüchterner. Der zweite und wesentlichere Faktor ist die Prägung in der Kindheit. Je nachdem, welche Umstände und Erziehungsmethoden auf ein Kind wirken, wächst oder schrumpft sein Selbstvertrauen.

Eltern haben eine sehr große Verantwortung, denn durch den Umgang mit ihnen kann sich ein Kind entfalten oder seelisch in sich zusammenschrumpfen. Jede Person, die plant, Kinder zu bekommen, sollte sich darüber im Klaren sein.

Sind die Erziehungsmethoden der Eltern einschüchternd und erdrückend für die junge Seele, heißt dies jedoch nicht, dass dieser Mensch niemals Selbstvertrauen haben kann.

Die Voraussetzungen sind nur sehr viel schlechter, und es wird den jungen Erwachsenen viel Mühe und Überwindung kosten, über seine kindlichen Grenzen hinauszuwachsen und die lähmende Schüchternheit später wieder abzulegen.

Was hat dies nun mit Grenzen zu tun? Ganz einfach: Ein mangelndes Selbstbewusstsein bedeutet, dass man sich der eigenen Grenzen nicht richtig bewusst ist und sie ständig durch andere überschreiten lässt. Das Selbstbewusstsein sorgt dafür, dass wir wissen, wer wir sind, was wir wollen und was wir nicht wollen.

Wenn wir zu wenig Selbstbewusstsein haben, missachten wir unsere innersten Wünsche und Vorstellungen.

Wir übersehen geflissentlich die kleinen Hinweise unserer Seele, was richtig und was falsch für uns ist. Erst später merken wir, dass wir das, was wir machen, eigentlich nicht tun möchten. Wir haben jedoch beispielsweise unsere Teilnahme an einer uns unangenehmen Sache bereits zugesagt und trauen uns nun nicht mehr abzusagen – aufgrund unseres mangelnden Selbstbewusstseins. So tun wir immer wieder Dinge, bei denen uns in Wirklichkeit sämtliche Haare zu Berge stehen, so sehr sträubt sich unser Innerstes dagegen. Das frustriert ungemein und schwächt das Selbstvertrauen. So entsteht ein Teufelskreis.

Wichtig ist die Erkenntnis, warum das Nein-Sagen nicht funktioniert.

In der Regel ist die Angst vor Liebesentzug der Grund, aus dem Menschen sich nicht trauen, Nein zu sagen. Sie denken:

»Wenn ich X nicht mache, dann ist Y böse auf mich und mag mich nicht mehr so sehr.«

Oft nutzen die fordernden Mitmenschen diese unterschwellige Angst in der Person mit dem mangelnden Selbstbewusstsein massiv aus. Sie wissen meist genau, wie sie von der Person genau das bekommen, was sie haben wollen. Sie üben so lange Druck aus, bis sie das gewünschte Ergebnis erzielen, ohne Rücksicht auf die Seele des anderen zu nehmen. Leider nimmt die betroffene Person ebenfalls keine Rücksicht auf ihre eigene Seele und verletzt sich mit jedem falschen Nachgeben mehr.

**Das Nein-Sagen wird oft unterlassen
aus Angst, dass man etwas verlieren könnte.**

Jedes Mal, wenn die eigene Grenze missachtet wurde, verliert die Seele einen Teil ihrer Identität. Der Mensch lässt zu, dass andere in seinen persönlichen Bereich vordringen und dabei etwas zerstören. Das dabei entstehende Gefühl verschlimmert das mangelnde Selbstbewusstsein zusätzlich. Eine extreme Form der Grenzüberschreitung ist der Missbrauch. Missbrauchsopfer haben keinerlei Selbstvertrauen mehr und werden unter Androhung von Liebesentzug jeder natürlichen Grenze beraubt. Kein Mensch sollte Angst vor Liebesentzug haben. Dies macht ihn nur abhängig von anderen. Kein Erwachsener sollte auf die Liebe eines anderen Menschen angewiesen sein. Natürlich sind Babys und Kleinkinder auf die Liebe eines anderen Menschen angewiesen, damit sie versorgt werden und sich auch seelisch entwickeln können. Aber eine erwachsene Person muss sich in erster Linie selbst genug sein. Die Abhängigkeit ist hier oft fatal.

**Liebe zu bekommen ist schön, richtig und gut,
aber wir dürfen niemals von der Liebe und Anerkennung
eines anderen abhängig sein.**

Wir müssen uns selbst lieben, anerkennen, was wir tun. Wir müssen tief in uns wissen, dass unsere Seele rein und liebenswert ist. Wir brauchen als Mensch die Liebe von außen nicht. Denn Liebe, die an Bedingungen geknüpft ist, ist keine Liebe, sondern eine Forderung.

**Wahre Liebe ist immer bedingungslos und wird geschenkt,
ohne dass Gegenleistungen erwartet werden.**

Wir müssen dafür nichts tun. Wir werden einfach geliebt, auch wenn wir Nein sagen. Denn es sollte nicht unsere Bereitwilligkeit geliebt werden, sondern der Mensch, der wir im Innersten sind, der reine und wahre Mensch hinter der Fassade. Die einzigartige Seele ist das, was geliebt werden sollte, nicht unser Handeln. Daher können wir Nein sagen, ohne dass echte Liebe dadurch verloren geht. Wenn der andere sich dadurch beleidigt fühlt, liegt dies an seiner eigenen Unzulänglichkeit, nicht an uns.

**Jeder Mensch hat das Recht, Nein zu sagen. Jeder Mensch hat
die Pflicht, Nein zu sagen, wenn die Seele dies wünscht.**

Nein bedeutet Nein zu einer bestimmten Situation oder Handlung und nicht Nein zu einer anderen Person. Wenn wir Nein zu den Umständen sagen, lieben wir die andere Person dennoch. Wir enthalten ihr nichts vor, aber wir bleiben seelisch ganz.

Lernen Sie, Nein zu sagen. Es ist nur ein Wort aus vier Buchstaben. Haben Sie keine Angst davor, es zu sagen. Mit jedem Nein werden Sie wachsen. Ihre Seele wird sich mit jedem Nein entfalten. Sie wird mit jedem berechtigten Nein wachsen. Sie wird jedes Mal ein bisschen mehr strahlen. Sie werden nach jedem ausgesprochenen Nein spüren, wie Ballast von Ihnen abfällt, wie Sie sich jedes Mal mehr wie Sie selbst fühlen. Sie werden mit jedem Nein sicherer und selbstbewusster.

Sagen sie es einfach: N E I N.

Wenn der andere meint, Ihnen die Liebe entziehen zu müssen, dann seien Sie nicht traurig, denn Sie haben niemals wahre Liebe von ihm bekommen. Diese existierte nur in Ihrer Fantasie.

Üben Sie es, Nein zu sagen, wenn Sie allein sind. Stellen Sie sich vor einen Spiegel und sagen Sie so lange Nein, bis Ihnen das Wort leicht von den Lippen kommt und Sie sich dabei in die Augen sehen können. Sagen Sie das Wort zunächst leise, dann immer lauter. Dieses Wort muss Ihnen am Ende wie selbstverständlich von den Lippen gehen, ohne jegliches Zögern. Denn wenn Sie Nein meinen, müssen Sie auch Nein sagen.

Üben Sie das Nein-Sagen vor wichtigen Diskussionen. Überlegen Sie sich die möglichen Argumente des anderen, und legen Sie sich in Ruhe die Gründe zurecht, aus denen Sie Nein sagen möchten. Üben Sie dies so lange, bis Sie sich sicher fühlen. Notieren Sie sich die Antworten, und lernen Sie sie auswendig. Wenn dann die entsprechende Frage kommt, sind Sie vorbereitet. Sie werden nicht mehr mit irgendwelchen Argumenten überrumpelt und sagen nicht wieder Ja, obwohl Sie eigentlich Nein meinen und sagen wollten.

Üben Sie das Nein-Sagen auch, indem Sie anfangs niemals sofort Ja sagen. Sollten Sie spontan um etwas gebeten werden, sagen Sie stattdessen »Ich denke darüber nach«, oder »Ich überlege es mir«.

So haben Sie Zeit gewonnen, ohne dass Sie überfahren wurden. Später, wenn Sie bereits sicherer mit dem Nein-Sagen umgehen können, dürfen Sie es natürlich sofort anbringen. Doch alte Gewohnheiten sind anfangs schwer abzulegen. Außerdem sind die anderen es von Ihnen nicht gewöhnt, eine negative Antwort zu erhalten, und werden weiterbohren, um so Ihre Meinung zu ändern. Bleiben Sie dann standhaft, denn Sie werden sich hinterher fantastisch befreit fühlen.

Wie bei allem macht auch hier Übung den Meister. Mit jedem Nein werden Sie sicherer, und es geht Ihnen leichter von den Lippen. Die ersten Male ist es sehr schwer, beim hundertsten Mal gelingt es jedoch wesentlich leichter.

Sie haben das Recht auf Grenzen. Sie bestimmen, was Sie wollen und was nicht. Lassen Sie nicht andere über Ihr Leben und Ihre Person bestimmen. Geben Sie niemandem das Recht dazu, denn dies hat nur Ihre eigene Seele.

Wir können es niemals allen recht machen,
aber wir sollten es uns selbst recht machen.

Mit jedem nicht gesagten Nein verletzen Sie sich selbst. Sie fügen sich selbst Schmerz zu, um anderen nicht wehzutun. Das ist falsch. Wenn Sie sich selbst und Ihre Grenzen achten, können auch andere Menschen Sie besser achten. Gehen Sie voraus, und die anderen werden Ihnen folgen.

Lieben Sie sich selbst, achten Sie sich selbst,
ehren Sie sich selbst.
Ihre Seele wird es Ihnen danken.

Lebe ich nach meinem Lebensplan?

Die einzige Aufgabe ist unserem Leben ist die Erfüllung unseres Lebensplans.

Alles andere ist bedeutungslos, alles andere ist unwichtig. Wir sind hier auf dieser Erde, um ihn zu erfüllen. Dies ist unsere Bestimmung. Dies ist der Grund unserer Existenz. Dies und sonst gar nichts.

Der Lebensplan jedes einzelnen Menschen ist einzigartig, und keiner gleicht dem anderen.

Jede Seele hat ihre Aufgabe und die Pflicht zur Weiterentwicklung. Dafür kommt sie auf unsere Erde.

Unser Lebensplan fordert uns heraus, er lässt uns Grenzen überschreiten und erweitert unsere Belastbarkeit.

Er ist niemals nur angenehm, denn wenn es so wäre, würden wir uns nicht weiterentwickeln. Wir würden einfach in angenehmen Situationen des Lebens verweilen und kämen dabei keinen Schritt weiter. Der Lebensplan fordert uns heraus, er zwingt uns zu neuen Taten und Leistungen. Er formt und schleift uns, bis wir in hellem Glanz erstrahlen. Er sorgt für Entwicklung, Reifung und Seelenbefreiung. Er ist unser Schlüssel zu wahrem Glück und zu echtem Frieden. Der Lebensplan ist die größte Herausforderung der Menschheit, denn alles andere ist nur die Hintergrundmusik, die uns begleitet.

Jede Seele plant ihren Lebensplan bevor sie sich entschließt, auf die Erde zu kommen.

Die Seele plant ihr eigenes Leben mit allem, was dazugehört. Alles steht bereits fest, bevor wir Menschen das Licht dieser Welt erblicken, doch leider vergessen wir dies im Augenblick unserer Geburt. Wir kommen in diese Welt und meinen, alle wären gegen uns. Wir denken, das Leben würde uns ständig Steine in den Weg legen und die Menschen um uns herum wollten uns nur ärgern. Das ist nicht wahr, denn alles wurde von uns selbst geplant. Jedes wichtige Ereignis wurde von uns gewählt und vorbereitet. Entscheiden wir uns in diesem Leben falsch, dann haben wir selbst zusätzliche Alternativen für uns vorgesehen, die uns wieder auf den richtigen Pfad unserer Entwicklung geleiten.

**Nichts geschieht ohne Grund
oder ohne dass wir uns dafür entschieden hätten.**

Wir wollten vor unserer Inkarnation sicherstellen, dass dieses wichtige Leben uns zu unserem Ziel führen wird. Nicht der Weg ist entscheidend, sondern das Ziel, das wir für uns selbst vorgesehen haben. Es ist nicht wichtig, ob wir mit oder ohne Umwege ans Ziel gelangen. Es ist nicht entscheidend, ob wir mit Leichtigkeit oder mit Schwierigkeiten dorthin gelangen. Wichtig ist, dass wir dorthin gelangen. Das »Wie« ist dabei niemals wichtig.

Es liegt nur an uns selbst, ob wir den direkten Weg gehen oder blind im Kreis um unser Ziel herumirren. Wie das Sprichwort schon sagt, führen schließlich alle Wege nach Rom, und am Ende kommen wir auch dort an, und falls nicht, dann müssen wir die Reise eben erneut antreten. Es hilft nicht, sich dagegen zu wehren und zu sträuben.

Wenn Sie sich auf Ihren Lebensplan gleich einlassen, kommen Sie schneller, einfacher und mit weniger Leid zum Ziel.

Konzentrieren Sie sich deshalb auf das Wesentliche im Leben. Leben Sie Ihren Lebensplan, und vergessen Sie die Begleitumstände dieses Lebens, denn diese sind unwichtig. Es ist vollkommen unwichtig, ob Sie reich oder arm, schön oder nicht so vollkommen, Single oder in einer Beziehung sind, Kinder haben oder keine, körperlich gesund oder beeinträchtigt sind. Wichtig ist nur das Ziel.

Es ist für jeden von uns schwer, herauszufinden, welchen Lebensweg die eigene Seele festgelegt hat. Wir erahnen meist nur, welche Aufgaben wir in diesem Leben bewältigen sollen. Nachdem wir alle bisherigen Aufgaben, Lebenswege und Personen, die wir früher verkörpert hatten, vergessen haben, sind auch die jetzigen Ziele unserer Seele schwer in Worte zu fassen. Dafür gibt es zu viele verschiedene Möglichkeiten und zu viele Teilpläne in jedem einzelnen unserer Leben.

Es ist allerdings auch nicht entscheidend, dass wir mit Worten unseren Lebensweg beschreiben können. Wichtig ist, dass wir ihn gehen und möglichst alle unsere Lebensaufgaben erfüllen. Denn jedes Mal, wenn wir von unserem Lebensweg abkommen, erfahren wir Kummer, Leid und Schmerz. Die Intensität dieser unangenehmen Gefühle nimmt dabei in dem Maße zu, in dem wir trotz versteckter Hinweise im Leben nicht auf unseren Lebensweg zurückkehren. Je weiter wir uns von unserem individuellen Weg entfernen, desto schmerzlichere Erfahrungen müssen wir machen. Gleichzeitig gilt:

**Je weiter wir von unserem Lebensweg abkommen,
desto weniger Energie zirkuliert in unserem Körper.**

Sie fragen sich jetzt wahrscheinlich: Wenn ich nicht genau weiß, was mein Lebensweg ist und was die Aufgaben dieses Lebens beinhalten, wie kann ich dann wissen, ob ich nicht vom Weg abgekommen bin? Ganz einfach:

**Im Leben sind wir immer wieder gezwungen,
Entscheidungen zu treffen.**

Häufig stehen wir vor einer Wahl, vor zwei oder mehr Möglichkeiten. Eine dieser Möglichkeiten ist Teil unseres Lebensweges, die anderen führen uns in eine Sackgasse. Wie können Sie nun wissen, welche Wahl Sie treffen sollen?

Wichtig ist die seelische Wahl.

Fühlen Sie in sich hinein, und entscheiden Sie niemals nach dem Verstand, auch nicht, wenn es die sinnvollere Wahl zu sein scheint. Der Verstand verwirrt uns Menschen nur. Er will gemäß der Vernunft handeln, aber nicht unbedingt im Sinne unseres Lebensweges. Daher sollte man nicht aus Vernunft, sondern aus dem Herzen leben. Denn das Herz ist ein Ausdruck unserer Seele.

**Wenn Sie sich gut und voller Energie fühlen und alle Dinge sich
perfekt fügen, wenn Ihnen nur positive Dinge zufließen
und sich Ihnen wunderbare neue Möglichkeiten offenbaren,
dann befinden Sie sich auf Ihrem Lebensweg.**

Egal, welche Möglichkeiten Sie bisher gewählt haben, spätestens jetzt wissen Sie, ob Sie nach Ihrem Lebensplan gehandelt haben. Wenn Sie plötzlich von Schwierigkeiten und Problemen umgeben sind, wenn Sie feststellen, dass Sie sich nur noch im Kreis drehen, dann haben Sie eine falsche Entscheidung getroffen. Dann sind Sie in einer Sackgasse gelandet, und Ihre Seele versucht, Ihnen das mit all dem Ärger zu zeigen, damit Sie Ihr Handeln korrigieren und den richtigen Weg wiederfinden. Grämen Sie sich nicht lange, denn das macht die Situation nur noch schwieriger. Erkennen Sie Ihren Fehler, und korrigieren Sie ihn so schnell es geht.

Jeder Mensch verlässt ab und zu seinen richtigen Weg.
Wichtig ist, dass er wieder zurückkehrt.

Fehler sind da, damit man aus ihnen lernen kann. Sie hätten es zwar auch einfacher haben können, doch dies ist nicht entscheidend. Wichtig ist, dass Sie ans Ziel gelangen, das »Wie« ist Ihrer Seele vollkommen egal.

Ob Sie auf Ihrem Lebensweg sind, können Sie außerdem erkennen, wenn Sie sich vor Augen führen, welche Träume Sie früher hatten, und sich fragen, ob diese sich erfüllt haben. Wenn ja, so sollten Sie sich neue Ziele stecken. Im Folgenden gibt es dazu zwei Übungen.

Übung – *Alte Träume, Ziele und Vorstellungen*
Denken Sie bei dieser Übung an Ihre Jugend zurück, und notieren Sie: Welche Ziele, Träume und Vorstellungen hatten Sie als junger Mensch? Haben Sie davon irgendetwas erreicht, oder ist Ihr Leben in eine andere Richtung gelaufen?

_____

_____

_____

_____

_____

_____

_____ ...

Wenn ich persönlich zurückblicke, stelle ich fest, dass sich viele meiner Lebensvorstellungen erfüllt haben. Viele Träume aus meiner Jugend sind zur Realität geworden. Sicherlich hat sich nicht alles ganz so erfüllt, wie ich es mir erträumt hatte. Schließlich befinde ich mich auch noch auf meinem Weg. Die Erkenntnis, dass sich vieles in die Richtung der jugendlichen Vorstellungen entwickelt hat, ist ein deutliches Zeichen dafür, dass man auf dem richtigen Lebensweg ist.

Übung – _Neue Träume, Ziele und Vorstellungen_
Wenn Sie Ihre alten Vorstellungen überprüft und sich die meisten davon erfüllt haben, dann sollten Sie sich neue Ziele stecken. Denn solange Sie nicht wissen, wohin Sie wollen, können Sie sich auch nicht auf den Weg dorthin begeben. Suchen Sie sich deshalb in Ihrem Leben immer wieder neue Ziele. Das können kleine Wünsche sein oder große Vorstellungen. Wichtig ist nur, dass Sie wissen, wohin Sie möchten.

Auch wenn Sie vieles bereits erreicht haben, gibt es sicherlich immer noch Dinge, die verbesserungswürdig sind. Sie besitzen beispielsweise bereits viel materiellen Wert und wünschen sich aber mehr Zeit für Ihre Familie und Ihre Hobbys. Definieren Sie genau, was Sie für Vorstellungen von Ihrem Leben haben. Wenn Sie bereits so weit sind, schreiben Sie neue Ziele auf:

_____

_____

_____

_____

_____

_____

_____ ...

Setzen Sie sich unbedingt Teilziele, denn oft erscheint das Hauptziel viel zu weit weg und damit unerreichbar.

Besteht der Weg zum Ziel jedoch aus mehreren Teilschritten, fällt es Ihnen viel leichter, zum eigentlichen Ziel zu gelangen.

Wie kann ich andere mit Energie auffüllen, ohne selbst welche zu verlieren?

Wir können anderen nicht das Ziel zeigen,
wir können nur selbst unseren Weg zum Ziel gehen.

Anderen als Energiequelle zu dienen ist ein großer Dienst, denn Energie ist wichtig und notwendig zum Überleben.

Je nach Qualität und Quantität der Energie, über die der menschliche Körper verfügt, geht es der Person schlecht, besser, gut oder fantastisch. Je mehr Energie in unserem System zirkuliert, desto leichter läuft das Leben. Daher ist Energie ein wunderbares Geschenk für jeden Menschen.

Es gibt verschiedene Methoden, anderen Menschen Energie zuzuführen, doch nicht jede ist für den Geber positiv. Da es bei jedem zwischenmenschlichen Kontakt zu einem Energieaustausch kommt, ohne dass uns dies bewusst ist, besteht die Gefahr, Energie auf eigene Kosten abzugeben.

Wenn jemand in einer wirklich schlimmen Situation ist, dann sollte man natürlich als Hilfe, Trostspender und Freund für ihn da sein und auch stundenlang zuhören. Doch nach einiger Zeit sollte die Person selbst einen Weg aus ihrer Misere finden. Tut sie dies, hilft jeder gern, doch sonnt sich die Person geradezu in ihrem Leid, läuft man Gefahr, selbst nur Energie zu verlieren. Hilfe für den anderen heißt hier: Unterbinden Sie das ewige Leid, und geben Sie ihm keine neue Energienahrung, sondern sorgen Sie dafür, dass er sich mit seinen Problemen auseinandersetzt.

Personen, die wirklich Energie brauchen, damit sie aus einer vorübergehenden Trägheit, Trauer oder Frustration finden, kann man folgende Hilfen anbieten:

- Körperkontakt (die Hand halten, in den Arm nehmen, über den Rücken streicheln)
- Reiki (und andere Energietechniken)
- Massagen
- energetisch Liebe senden
- tief in die Augen blicken (und mit der Seele kommunizieren)
- Anteilnahme
- mit Worten trösten
- Zeit miteinander verbringen
- Anwendung spezieller Energiespender-Produkte (etwa Naturdiamanten, Edelsteine)

Lösen von Problemen

Probleme fordern uns heraus, den von uns eingeschlagenen Weg zu ändern.

Probleme über Probleme – manche Menschen meinen, das Leben bestünde nur aus Problemen. Doch so ist es nicht. Im Gegenteil, es gibt im Leben keine Probleme, es gibt nur das Leben selbst. Probleme sind Herausforderungen und Prüfungen, ob wir bereit sind, einen Schritt weiterzugehen. Sie testen uns, ob wir diesem Leben wirklich gewachsen sind.

Sie sind zum Gelöstwerden da. Betrachten wir das Leben aus dem Blickwinkel der spirituellen Entwicklung, dann heißt es:

**Es gibt nur ein einziges Problem in dieser Welt:
das Problem, am Ende des Lebens nicht ans Ziel gelangt zu sein.**

Alles andere macht der Mensch sich nur selbst zum Problem. Wozu sich Gedanken machen über Gegenstände, Geld und Statussymbole? Wozu sich aufregen, wenn nicht alles nach den eigenen Vorstellungen läuft?

Oft macht sich immer nur unser Verstand Gedanken darüber, was richtig und was falsch sein könnte. Vielleicht sieht unsere Seele jedoch die Dinge aus einem anderen Blickwinkel.

Eventuell sind wir gar nicht dazu bestimmt, reich zu werden oder diesen bestimmten Beruf ergreifen. Vielleicht sollen wir uns nicht mit Materiellem umgeben, sondern uns frei von Reichtum und Geld entwickeln können. Äußere Umstände sind nicht wichtig.

Wichtig hingegen sind Zufriedenheit, Glück und innerer Frieden, Liebe und Menschen, die für einen da sind, genauso wie wir für sie. Alles andere sind lediglich Vorstellungen, die der Mensch hat. Alles andere ist nicht wertvoll und auch nicht notwendig. Es ist nur ein Fantasiegespinst und nichts Reales.

Übung – *Loslassen*

Stellen Sie Ihr Telefon auf lautlos, und schließen Sie die Tür. Setzen oder legen Sie sich entspannt hin, wenn möglich, flach auf den Boden. Schließen Sie die Augen, und atmen Sie ruhig ein und aus. Blenden Sie Ihre Umgebung einfach aus, achten Sie nicht auf Geräusche, die zu Ihnen vordringen. Wenn es Ihnen schwerfällt, legen Sie beide Hände auf den Bauch, und konzentrieren Sie sich nur auf das Ein- und Ausatmen. Atmen Sie dabei tief in den Bauch hinein, sodass Ihre Hände sich deutlich heben und senken. Bleiben Sie so lange es geht entspannt und in Gedanken nur beim Atmen. Wenn Sie immer noch Schwierigkeiten mit dem Loslassen haben, sagen Sie in Gedanken bei jedem Atemzug »Ein und Aus«. Wichtig ist nur das langsame und tiefe Atmen, mit kleinen Pausen vor und nach jedem Luftholen. Stellen Sie nun fest, dass alles ganz einfach ist, denn in diesem Moment gibt es nichts außer Ihrer Person. Nichts belastet Sie, nichts stört Sie. Sie sind einfach nur im Hier und Jetzt. So einfach ist das Leben in Wirklichkeit.

Entspannen Sie sich. Lassen Sie einen Augenblick alle Ihre vermeintlichen Probleme los. Grübeln Sie einen Moment lang nicht über Dinge nach, die Sie gerade nicht ändern können. Leben Sie einige Minuten lang bewusst im Hier und Jetzt.

Vergessen Sie einfach die Vergangenheit, denken Sie nicht an die Gegenwart, sondern seien Sie nur Sie selbst. Was nun übrig bleibt, ist Ihre reine und freie Seele.

Nichts kann Sie nun belasten, nichts sorgt für Unmut und Frust. In diesen wenigen Augenblicken sind Sie völlig frei, frei von Problemen, frei von der belastenden Vergangenheit, frei von der ungewissen Zukunft. Sie sind frei von jeglichen Gedanken, Sie sind einfach nur. Nun erkennen Sie, dass Sie in Wirklichkeit keine Probleme haben, dass Sie niemals Probleme hatten und dass Sie auch nie welche haben werden. Wenn Sie das Bewusstsein für Ihre eigene Seele entwickeln, dann löst sich alles andere in Luft auf. Dann bleibt nur Ihr innerster Kern zurück, und sämtliche Mauern und jeglicher seelische Ballast verschwinden auf einmal. Bewahren Sie sich dieses Gefühl.

Wenn Sie bereit sind, in die Außenwelt zurückzukehren, öffnen Sie langsam die Augen. Bleiben Sie noch einen Moment sitzen oder liegen. Machen Sie diese Übung, sooft es geht, wenn Sie gestresst oder überarbeitet sind, wenn Sie sich überfordert oder ausgelaugt fühlen.

Auch, wenn Sie durch diese Übung feststellen konnten, dass Ihre Seele in Wahrheit frei von jeglichen Problemen ist, gibt es manchmal Bereiche im Leben, in denen es nicht ganz »rund« läuft. Bei den meisten Menschen sind dies zwischenmenschliche Beziehungen, der Arbeitsplatz und Finanzen. Damit wollen wir uns im Folgenden beschäftigen.

Zwischenmenschliche Beziehungen

Zwischenmenschliche Beziehungen sind wichtig. Sie tun unserer Seele gut. Verfügen wir über keine Beziehung zu anderen Menschen, vereinsamen wir und gehen seelisch zugrunde. Wir sind nicht dazu geboren, allein zu sein. Der Mensch braucht einen Partner genauso wie Freunde und Familie. Nur so fühlt er sich vollkommen.

Doch es gibt, wie Sie bereits erfahren haben, auch Beziehungen zu anderen Menschen, die eine Belastung darstellen, meist zu Menschen, die uns energetisch aussaugen und deprimieren. Bleiben Sie sich treu, sonst verletzen Sie sich nur selbst. Tut eine Person Ihnen nicht gut, müssen Sie sich womöglich von ihr zurückziehen.

**Egal, wie eine Beziehung sich entwickelt,
beenden Sie sie jedoch niemals dauerhaft.**

Wenden Sie sich nicht für immer von jemandem ab, denn vielleicht ändert er sich und kommt wieder auf Sie zu. Dann kann eine neue, bereinigte Beziehung aufgenommen werden. In diesem Fall ist Vergebung die richtige Lösung.

Familie

Fast jeder Erwachsene trägt Probleme aus seiner Kindheit in sein Leben als Erwachsener hinein. Oft bleiben diese Blockaden jahrelang im Unterbewusstsein verborgen, bis sie irgendwann, ausgelöst durch ein Ereignis, erneut hervorbrechen, damit der Mensch sich ihnen stellt und gezwungen wird, sie zu lösen.

Auch wenn jedes Elternpaar versucht, seinem Kind das Beste zu geben, prägt es seinen Nachwuchs meist mit den nicht abgelegten Problemen aus der eigenen Kindheit.

Oft wird die Prägung daher von Generation zu Generation stärker, bis ein Teil der Familie das Problem rechtzeitig erkennt und angeht und dadurch die Kette unterbricht.

Kinder zu bekommen ist leicht. Kinder zu erziehen ist jedoch eine große Herausforderung. Auch wenn die Eltern eines Kindes perfekt wären, was jedoch nicht vorkommt, kann das Kind zum Beispiel durch Schwierigkeiten mit einem Geschwisterkind eine negative Prägung erhalten und mit in das Erwachsenenleben nehmen. Daher ist eigentlich kein Mensch gegen Kindheitsprobleme gefeit.

Kleine Kinder halten alles für Ernst. Sie haben anfänglich absolutes Vertrauen zu ihren Bezugspersonen, daher prägt sich jedes Wort in ihre unbeschriebene Seele ein.

Wird ein Mensch vorwiegend durch schlechte Erfahrungen in der Kindheit geprägt, sind diese negativen Prägungen später nur sehr schwer wieder aufzuheben. Meist bleibt auch noch Jahre nach den eigentlichen Erfahrungen ein Schatten zurück, der sich jederzeit vertiefen kann. Ist erst einmal eine Verletzung entstanden, kann sie nicht mehr vollständig rückgängig gemacht werden. Wenn man also selbst ein Kind aufziehen möchte, ist Liebe der einzig richtige Schlüssel dazu.

Ein Kind braucht nichts anderes als Liebe von seinen Eltern und Bezugspersonen, denn aus der Liebe ergibt sich alles andere.

Wenn Ihre Beziehung zu Ihren Eltern nicht völlig frei von Erwartungshaltungen, entspannt und liebevoll ist, geben Sie jetzt Ihre Erwartungen auf. Wenn Ihre Eltern (oder ein Elternteil) immer wieder etwas an Ihnen auszusetzen haben, wenn Sie es ihnen niemals recht machen können, wenn andere ihrer Meinung nach immer besser sind als Sie, wenn von Ihnen immer erwartet wird, dass Sie sich bei Ihren Eltern melden, und Sie selten ein Lob oder ein »Ich liebe dich« von ihnen erhalten, dann lösen Sie sich von dem Erwartungsdruck Ihrer Eltern.

Übung – *Brief an die Eltern*

Nehmen Sie sich ein wenig Zeit. Schreiben Sie einen Brief an Ihre Eltern oder einen Elternteil. Sie müssen diesen Brief nicht abschicken. Die Worte auf dem Papier sind auch so Ausdruck Ihrer Seele und befreien Sie. Notieren Sie alles, was Sie an der Beziehung zu Ihren Eltern stört, was Sie verletzt hat und was Sie zukünftig von Ihren Eltern erwarten. Schreiben Sie, was Ihnen in den Sinn kommt. Sie werden sehen, wie viel Verborgenes aus Ihrem Inneren strömt. Beginnen Sie nun zu schreiben.

_____

_____

_____

_____

_____

_____

_____ ...

Lesen Sie den Brief später noch einmal durch, und lassen Sie Ihren Gefühlen dabei freien Lauf. Wenn Sie das Bedürfnis haben, lesen

Sie den Brief immer wieder. Wenn Sie möchten, können Sie ihn natürlich auch tatsächlich absenden.

Hören Sie damit auf, auf die bedingungslose Liebe Ihrer Eltern zu warten, und fangen Sie an, ihnen zu verzeihen und sie bedingungslos zu lieben. Sie werden sicherlich in der nächsten Zeit nicht sofort etwas zurückbekommen, und vielleicht auch niemals. Doch seien Sie gewiss, Sie werden das Geschenk irgendwann selbst erhalten.

Eines Tages wird Ihnen die gleiche Liebe gegeben werden, die auch Sie aussenden.

Vielleicht wird sie Ihnen von anderer Seite geschenkt, etwa von Ihren Kindern, von einem wundervollen Partner, von Freunden oder von Ihnen bisher fremden Menschen.

Ihre Vergangenheit hat Sie zu dem Menschen gemacht, der Sie jetzt sind.

Wäre Ihre Vergangenheit anders verlaufen, wären Sie jetzt ein anderer Mensch. Nehmen Sie die Vergangenheit so hin, wie sie ist.

Ihr Leben findet jetzt statt, in diesem Moment, und Ihr Leben ist in diesem Augenblick wundervoll, wenn Sie es zulassen.

Dieses eine Leben, das Sie gerade leben, ist das Einzige, das zählt. Es ist nicht wichtig, wie Ihr letztes Leben verlief, wie Ihre Kindheit war oder wie Ihr nächstes Leben verlaufen wird. Nur das Hier und Jetzt ist wichtig, nur der Augenblick zählt. Sie können Ihre Eltern lieben oder hassen, aber Sie können sie nicht ändern.

Wenn Sie Ihre Eltern lieben, werden Sie geliebt werden.
Und wenn Sie sie hassen, dann werden Sie gehasst werden.
Wofür entscheiden Sie sich?

Ihre Eltern waren der Meinung, das Beste für Sie zu tun. Zumindest meinen dies die meisten Eltern. Vielleicht war es nicht richtig. Vielleicht war es nicht genug. Vielleicht haben Ihre Eltern Sie nie verstanden und verstehen Sie bis heute nicht. Doch all dies ist bedeutungslos. Es zählt nicht. Es sind Ihre Eltern, die einige oder viele Dinge falsch gemacht haben. Es sind Ihre Eltern, die in Ihren Augen nicht richtig gehandelt haben. Machen Sie es besser. Es ist Ihre Aufgabe, nicht die gleichen Fehler zu begehen wie Ihre Eltern. Zahlen Sie es ihnen nicht heim, wenn Sie glauben, eine schlechte Kindheit gehabt zu haben, sondern spenden Sie echtes Glück und wahre Liebe.

Lernen Sie zu vergeben.

Lernen Sie loszulassen. Lernen Sie, inneren Frieden zu finden. Wenn Sie Groll hegen, können Sie das niemals erreichen. Dieser Groll, dieser Frust, dieser Hass und diese Wut zerstören nicht Ihre Eltern, sondern Ihr Inneres. Es zerstört jeden inneren Frieden, jedes wahre Glück. Wenn Sie tief in Ihrem Inneren, vielleicht auch völlig unbewusst, solche Gefühle gegen Menschen aus Ihrer Vergangenheit oder Gegenwart hegen, schaden Sie damit nur einer einzigen Person: sich selbst. Schließen Sie Frieden mit Ihrer Vergangenheit, mit Ihrer Kindheit. Lieben Sie Ihre Eltern, denn Ihre Eltern sind selbst Seelen, die Leid erfahren haben. Auch Ihre Eltern hatten Eltern, die manche oder auch viele Dinge an ihren Kindern ausgelassen haben. Auch Ihre Eltern haben Narben aus der Kindheit in ihren Seelen davongetragen. Dies entschuldigt nicht ihr Verhalten, aber es erklärt es. Das Versäumnis Ihrer Eltern war es, das Leid ihrer eigenen Vergangenheit und Kindheit nicht aufzulösen, sondern es an ihre Kinder weiterzugeben. Machen Sie selbst es besser. Lösen Sie die Probleme Ihrer Kindheit und der vergangenen Jahre auf, die Sie wie tiefe Narben in sich tragen. Setzen Sie sich mit ihnen auseinander. Arbeiten Sie eine Narbe nach der anderen ab, bis nur noch ein leichter Schatten zurückbleibt, den keiner außer Ihnen sehen kann. Die Narben werden zwar noch manchmal zu spüren sein, aber sie sollten niemals mehr so tief sein, dass andere sie bemerken. Erst wenn Ihnen dies gelingt, sind die Narben verheilt. Erst dann sind die Probleme Ihrer Kindheit gelöst und wahre Liebe kann fließen.

Setzen Sie sich intensiv mit Ihrer Kindheit auseinander. Lassen Sie die Gedanken nicht nur oberflächlich in Ihr Bewusstsein dringen, sondern spüren Sie tiefer nach. Oft ist es auch hilfreich, mit anderen Personen über Ihre Kindheit zu sprechen. Wenn hier die Eltern nicht die richtigen Ansprechpartner sind, kann man Großeltern, Tanten, Onkel, gute Bekannte oder Geschwister auf die gemeinsame Vergangenheit ansprechen. So erfährt man einiges über die Schattenseiten der eigenen Kindheit. Überlegen Sie, warum diese entstanden sind. Welche schlechten Erfahrungen der eigenen Eltern können dazu geführt haben, dass sie sich Ihnen gegenüber so verhalten haben? Diese Überlegungen machen die Erfahrungen zwar nicht ungeschehen, aber vielleicht lassen sie sich dadurch leicht nachvollziehen. Wenn man als Erwachsener die Ursachen kennt, kann man die Fehler, die in der Kindheit begangen wurden, leichter verzeihen.

Wenn Sie nach wie vor massive Probleme mit Ihren Eltern haben und Gespräche Ihrerseits zu nichts führen, ist es manchmal notwendig, radikalere Maßnahmen zu ergreifen. Bevor Sie weiterhin leiden und seelischen Schaden nehmen, müssen Sie eine klare Grenze setzen. In diesem Fall müssen Sie eine Zeit lang auf Abstand bestehen. Sagen Sie Ihren Eltern (oder einem Elternteil), welche ihrer Eigenschaften Sie stark belasten, und fordern Sie sie ein letztes Mal zur Änderung auf. Sie können es ihnen auch schreiben. Wenn diese Veränderung nicht eintritt, brechen Sie den Kontakt für eine gewisse Zeit vollkommen ab. Diese Therapie ist zwar ein Schock, aber manchmal kann die eigene Seele nur auf diese Art heilen. Sie bestimmen, wie lange diese Kontaktsperre dauert, es sei denn, Ihre Eltern sind zu einer Entschuldigung und/oder Änderung bereit. In diesem Fall müssen sie sich bei Ihnen melden dürfen.

In der Zeit des Abstands fehlt der ständige Schmerz, den Ihre Eltern normalerweise in Ihnen verursachen. Ihre Seele erfährt somit nicht ständig neues Leid. Seelische Heilung, Aufbau von mehr Selbstbewusstsein und Anerkennung der eigenen Bedürfnisse sind die Folge.

Wenn Sie sich seelisch gefestigt und erkannt haben, wie wertvoll Sie als Mensch sind, können Sie auch langsam wieder den Kontakt zu Ihren Eltern aufnehmen. Allerdings sollten Sie so lange damit warten, bis Sie das Bedürfnis danach verspüren. Lassen Sie sich hier nicht von außenstehenden Personen beeinflussen, denn sonst ändert sich dauerhaft nichts. Wie lange Sie für diese Heilungsphase brauchen, liegt an Ihren Erfahrungen. Dieser Zeitraum kann sich auch über mehrere Jahre erstrecken.

Übung – *Beziehung zur Familie*

Nun richten Sie den Blick weg von Ihrer Vergangenheit auf die heutige Situation. Überprüfen Sie im Folgenden, welches Verhältnis Sie zu den Mitgliedern Ihrer Familie haben und ob Ihnen die Beziehung zu ihnen guttut. Lesen Sie dazu die folgenden Aussagen genau durch, und kreuzen Sie zutreffende an.

	trifft zu	*trifft nicht zu*
Ich verstehe mich sehr gut mit meiner Familie.		
Ich besuche meine Eltern gerne, denn es tut mir gut, sie zu sehen.		
Ich liebe meine Eltern.		
Meine Eltern sind stolz auf mich.		
Die anderen Mitglieder meiner Familie sind stolz auf mich.		
Meine Familie unterstützt mich, wo sie kann.		
Ich habe gerne Kontakt zu meiner Familie.		

	trifft zu	*trifft nicht zu*
Ich habe oft Streit mit meiner Familie.		
Meine Eltern meckern immer nur an mir herum.		
Ich habe kein gutes Verhältnis zu meinen Eltern.		
Ich habe die Wünsche meiner Eltern nicht erfüllt, daher sind meine Eltern unzufrieden mit mir.		

	trifft zu	trifft nicht zu
Ich habe die Wünsche meiner Eltern beachtet, hätte es aber eigentlich lieber anders gemacht.		
Meine restliche Familie interessiert sich nicht für mich.		
Meine Familie unterstützt mich nicht.		
Ich erhalte immer nur Kritik von meiner Familie.		
Egal, wie sehr ich mich bei etwas anstrenge, es ist meiner Familie nie genug.		
Ich habe keinen oder kaum Kontakt zu meiner Familie.		
Meine Familie ist sehr anstrengend.		
Ich bin das schwarze Schaf der Familie.		

Falls Sie Kinder haben, betrachten Sie auch die folgenden Aussagen. Falls nicht, machen Sie bitte mit dem nächsten Punkt weiter.

	trifft zu	trifft nicht zu
Ich habe ein sehr gutes Verhältnis zu meinen Kindern.		
Wenn meine Kinder ein Problem haben, kommen sie als Erstes zu mir und meinem Partner.		
Ich kenne die Sorgen und Wünsche meiner Kinder.		
Ich kann mich auf meine Kinder vollkommen verlassen und ihnen vertrauen.		
Meine Kinder achten auch meine Wünsche und Bedürfnisse.		

	trifft zu	trifft nicht zu
Ich weiß immer, wo sich meine Kinder aufhalten, oder kann sie jederzeit erreichen.		
Meine Kinder sind zwar schon erwachsen, aber unser Verhältnis ist immer noch eng.		
Ich liebe meine Kinder über alles, und meine Kinder lieben mich.		

	trifft zu	trifft nicht zu
Ich wollte immer Kinder, aber mein Partner wollte keine, oder es war einfach nie der richtige Zeitpunkt.		
Meine Kinder kosten mich den letzten Nerv.		
Die Probleme meiner Kinder bekomme ich immer als Letzte/r mit.		
Meine Kinder erzählen mir nichts aus ihrem Leben.		
Meine Kinder kommen und gehen, wann es ihnen gefällt.		
Ich fühle mich oft so, als ob ich für meine Kinder ein Hotel, ein Restaurant und eine Bank wäre.		
Ich sehe meine Kinder kaum.		
Manchmal bereue ich es, mir eine Familie gewünscht zu haben.		

Wie Ihnen sicher aufgefallen ist, sind die Aussagen in jeweils zwei Blöcke unterteilt – positive und negative Aussagen über Ihre Familie. Wenn Sie überwiegend den positiven Aussagen zustimmen, sind Sie auf dem richtigen Weg und erhalten durch die Beziehung zu Ihrer Familie Energie. Falls Sie eher den negativen Aussagen zustimmen, sollten Sie an sich und der Beziehung zu den Mitgliedern Ihrer Familie arbeiten, sodass bald alle Beteiligten von einem erhöhten Austausch positiver Energie profitieren können.

Mitmenschen

Übung – Umgang mit den Mitmenschen
Überprüfen Sie nun, wie Sie mit Ihren Mitmenschen umgehen.

	ja	*nein*
Sind Sie immer ehrlich?		
Achten Sie Ihre Vorgesetzten?		
Achten Sie Ihre Mitarbeiter?		
Denken Sie gut über Menschen in »einfachen« Dienstleistungsberufen (zum Beispiel Müllabfuhr)?		
Sind Sie immer höflich?		
Hören Sie Ihren Mitmenschen zu?		
Lassen Sie Ihr Gegenüber aussprechen?		
Respektieren Sie Menschen, die Fehler machen?		
Sind Sie ein Vorbild im Umgang mit Mitmenschen?		
Gehen Sie auf andere Menschen zu?		
Lächeln Sie fremde Menschen an?		
Grüßen Sie Ihre Nachbarn auf der Straße?		
Können Sie Ihre eigenen Fehler zugeben?		
Sind Sie immer freundlich?		
Bleiben Sie ruhig, wenn Sie etwas stört und Sie darüber reden?		
Sind Sie bereit, anderen zu helfen, ohne sich einen persönlichen Vorteil davon zu erhoffen?		

	ja	nein
Bringen Sie sich in die Gemeinschaft ein (etwa in der Gemeinde)?		
Sind alle Menschen für Sie gleichwertig?		
Haben Sie keine Vorurteile gegenüber Menschen (etwa aufgrund anderer Hautfarbe)?		

Betrachten Sie nun in aller Ruhe die Fragen und die von Ihnen gegebenen Antworten. Prüfen Sie Ihre Antworten im Hinblick auf die Frage, ob andere Sie schätzen, respektieren und achten können. Beachten Sie dabei, dass wir im Umgang mit anderen Menschen offen, ehrlich und liebevoll sein müssen, damit andere uns respektieren.

Wenn Sie die meisten Fragen bejaht haben, so ist Ihre Beziehung zu Mitmenschen als positiv zu bewerten und Sie müssen sich keine Sorge um eine verminderte Energie machen. Wenn Sie die Fragen überwiegend mit »nein« beantwortet haben, müssen Sie in diesem Bereich noch an sich arbeiten.

Partnerschaft

In einer Partnerschaft kann immer nur ein ausgewogenes Verhältnis von Geben und Nehmen funktionieren. Beide Parteien müssen aufeinander zugehen. Sie müssen sich in der Mitte treffen. Es funktioniert niemals, wenn immer nur einer auf seinen Vorstellungen beharrt. Paare, die jahrelang so leben, bleiben selten bis an ihr Lebensende zusammen. Zu sehr entfernen sie sich voneinander, wenn keiner der beiden Partner gelernt hat, dem anderen entgegenzukommen. Daher ist es wichtig, stets offen miteinander zu kommunizieren.

**Kein Problem in der Partnerschaft sollte länger
als einen Tag lang die Gedanken belasten.
Reden ist das Geheimnis einer glücklichen Partnerschaft.**

Wenn Paare zu wenig miteinander reden, kann es oft zu Missverständnissen kommen. Ich gebe Ihnen ein Beispiel:

Frau A ist es gewohnt, in ihrer Beziehung den Ton anzugeben. Sie ist selbstbewusst und weiß genau, was sie will. Ihr Mann, Herr B, durfte als Kind keine eigenen Wünsche äußern, denn seine Eltern waren sehr dominant. Frau A und Herr B möchten sich abends in einer Bar treffen. Frau A ist vorher mit einer Freundin verabredet, und Herr B trifft sich zuvor mit Freunden. Es wird vereinbart, dass Frau A sich meldet, wenn das Treffen mit ihrer Freundin zu Ende ist. Nun dauert das Treffen mit ihrer Freundin länger als gedacht, und Frau A beschließt, dass es sich zeitlich nicht mehr lohnt, ihren Mann in der Bar zu treffen. Sie denkt sich: »Mein Mann ist sicher schon müde. Lieber soll er noch etwas Zeit mit seinen Freunden verbringen, als noch in die Bar fahren zu müssen.« In der Zwischenzeit wartet Herr B vergeblich auf den Anruf seiner Frau. Irgendwann ruft er sie an und erhält die Antwort: »Ich bin schon zu Hause, es ist ja schon so spät.« Herr B ist verärgert und frustriert. Den ganzen Abend hat er sich darauf gefreut, seine Frau in der Bar zu treffen. »Warum hat sie nicht angerufen und mich entscheiden lassen, ob ich noch in die Bar fahren möchte oder nicht?«, fragt er sich, sagt jedoch nichts, sondern fährt frustriert nach Hause.

Unterdrückte Gefühle stauen sich oft auf, und es kommt zu Missverständnissen, die wiederum zu dauerhaften Beziehungsproblemen führen. Frau A meinte es nicht böse, aber sie hat für Herrn B entschieden, anstatt ihn selbst entscheiden zu lassen. Herr B fühlt sich in seine Kindheit zurückversetzt. Erneut wird er bevormundet, und seine Wünsche und Vorstellungen zählen nicht. Überprüfen Sie nun, wie es um Ihre Partnerschaft steht.

Übung – *Partnerschaft*

Kreuzen Sie an, ob die folgenden Aussagen auf Sie zutreffen.

	trifft zu	*trifft nicht zu*
Ich lebe in einer glücklichen Beziehung.		
Ich liebe meinen Partner.		
Ich kann meinem Partner alles erzählen.		
Nach einem Streit versöhnen wir uns schnell.		
Wir haben sehr viele gemeinsame Interessen.		
Ich fühle mich von meinem Partner verstanden.		
Wenn ich Probleme habe, dann ist mir mein Partner eine Stütze.		
Mein Partner ist jederzeit für mich da, wenn ich ihn brauche.		
Wir können offen miteinander umgehen.		
Ich vertraue meinem Partner voll und ganz.		
Mein Partner vertraut auch mir voll und ganz.		
Ich möchte mit meinem Partner auch noch die nächsten 20 Jahre gemeinsam verbringen.		

	trifft zu	trifft nicht zu
Ich bin zwar in einer Partnerschaft, aber eigentlich wollte ich mein Leben mit jemand anderem verbringen, doch es hat nicht geklappt.		
Mein Partner nervt mich oft.		
Manche Dinge kann ich meinem Partner nicht erzählen, denn er würde sie nicht verstehen.		
Jeder von uns führt sein eigenes Leben. Wir leben, so gesehen, nebeneinanderher.		
Wenn wir streiten, dauert es Tage, bis wir uns wieder aussprechen.		
Manche Ereignisse mit meinem Partner ärgern mich noch nach Jahren.		
Ich fühle mich von meinem Partner oft nicht verstanden.		
Probleme muss ich alleine lösen.		
Ich fühle mich oft einsam, obwohl ich in einer festen Beziehung bin.		
Mein Partner hat jede Menge Geheimnisse vor mir.		
Mein Partner betrügt mich mit jemand anderem.		
Ich gehe fremd.		
Wenn ich könnte, würde ich meine Beziehung ändern.		

Falls Sie keinen Partner haben, überprüfen Sie die folgenden Aussagen.

	trifft zu	trifft nicht zu
Ich habe noch nicht den richtigen Partner bzw. die richtige Partnerin gefunden.		
Keine meiner Beziehungen hält lange.		
Jedes Mal, wenn eine meiner Beziehungen ernster wird, passiert etwas, was zur Trennung führt.		
Es belastet mich, keine feste Beziehung zu haben.		
Ich traue mich nicht, jemanden, der mir gefällt, anzusprechen, aus Angst vor Zurückweisung.		
Ich hatte mal eine tolle Beziehung, aber die ging kaputt, und ich leide heute noch darunter.		
Ich liebe jemanden, der anderweitig in einer festen Beziehung ist.		
Durch negative Erlebnisse habe ich das Vertrauen in eine Partnerschaft verloren.		
Ich habe Angst vor einer Partnerschaft und habe Probleme mit meiner Sexualität.		

Wenn Sie vorwiegend den positiven Aussagen zugestimmt haben, leben Sie in einer gesunden und glücklichen Partnerschaft. Wenn nicht, so sollten Sie gemeinsam mit Ihrem Partner an Ihrer Partnerschaft arbeiten.

**Eine offene Kommunikation über Gefühle
verhindert einen Teufelskreis aus Missverständnissen
und bietet die Möglichkeit, gemeinsam Kompromisse zu finden.**

Gehen Sie auf Ihren Partner zu, lassen Sie ihn über seine Gefühle sprechen. Nehmen Sie ihn stets ernst, auch wenn Sie andere Ansichten haben als er. Ihr Partner hat andere Prägungen, eine andere Vorgeschichte. Was für Sie vielleicht völlig in Ordnung ist, fügt Ihrem Partner tiefen Schmerz zu. Nehmen Sie alles ernst, was Ihr Partner sagt. Hören Sie ihm zu, und versuchen Sie, sich in ihn hineinzuversetzen. Reichen Sie ihm die Hand, aber verstellen Sie sich nicht. Bleiben Sie sich treu. Erwarten Sie aber auch nicht, dass Ihr Partner sich ändert. Sie müssen beide aufeinander zugehen, damit die Partnerschaft funktionieren kann.

Arbeiten Sie an der Situation, wenn sie schwierig ist. Es trägt mal der eine, mal der andere mehr zur Lösung von Problemen bei, aber stets müssen beide daran beteiligt sein.

Sprechen Sie alles an, was Sie stört. Auch wenn die Partnerschaft noch jung ist. Schlucken Sie niemals Ihre Gefühle hinunter. Dies mag vielleicht eine gewisse Zeit lang funktionieren, aber irgendwann kommen die unterdrückten Gefühle zum Vorschein und gefährden die Beziehung. Ihr Partner ist ein Mensch aus Fleisch und Blut, mit Gefühlen und Empfindungen. Wahrscheinlich sind es nicht die gleichen wie Ihre, aber dennoch sind sie vorhanden. Respektieren Sie seine Meinung, auch wenn Sie diese nicht teilen.

Werten Sie niemals, denn es gibt kein immerwährendes »gut« oder »schlecht«, kein »richtig« oder »falsch«.

Was heute richtig erscheint, kann morgen schon falsch sein. Denken Sie an die Aussage, dass die Erde eine Scheibe ist. Damals mag es so erschienen sein und galt als wahr. Doch irgendwann stellte man fest, dass die Erde die Form einer Kugel hat. Auf Ihre Partnerschaft übertragen bedeutet das: Heute mögen Sie recht haben, aber morgen hat dies vielleicht Ihr Partner. Keine Ansicht bleibt dauerhaft die gleiche.

Planen Sie daher Veränderungen stets sinnvoll, und legen Sie sich zeitlich fest. Nehmen Sie sich beispielsweise vor, dass Sie, wenn Sie in drei Monaten nicht offener mit Ihrem Partner reden können, dann darüber nachdenken, ob die Beziehung noch zu retten ist.

Definieren Sie die Zeiträume genau. Wenn Sie sich zeitlich nichts vornehmen, kann es leicht passieren, dass Sie eine Änderung immer wieder hinauszögern und am Ende vergessen. Überlegen Sie sich für die ersten sechs Monate, wann Sie welche Dinge ändern können und wollen, und überlegen Sie sich für die nächsten sechs Monate, was Sie dann erreicht haben wollen. Die Ziele der Vormonate sollen selbstverständlich beibehalten und nicht einfach durch die neuen Ziele ersetzt werden.

Übung – *Jahresplan*
Am Beispiel einer kaputten Ehe veranschaulicht, könnte Ihr Jahresplan wie folgt aussehen:

Ausgangssituation: (Notieren Sie hier, wie Ihre aktuelle Lage aussieht.)

Mein Mann und ich streiten ständig. Wir können nicht ruhig miteinander reden. Jeder fühlt sich ständig vom anderen angegriffen. Ich warte den ganzen Tag darauf, dass er endlich nach Hause kommt, doch mein Mann geht lieber abends mit seinen Freunden weg, um dem »Irrenhaus«, wie er sagt, zu entfliehen. Ich sitze dann abends da und weine. Wenn er dann nach Hause kommt, werfe ich ihm irgendeine Gemeinheit an den Kopf. Eigentlich will ich das gar nicht, aber jedes Mal passiert es wieder. Dann schreit er mich an, ich schreie zurück, und jeder verlässt das Zimmer. Am folgenden Morgen tun wir beide so, als ob nichts geschehen wäre, aber glücklich ist keiner von uns.

Heute: (Notieren Sie nun alles, was Sie ändern möchten.)

- *Ich wünsche mir, dass mein Mann abends bei mir bleibt, anstatt mit seinen Freunden wegzugehen.*
- *Ich möchte mich nicht ständig mit ihm streiten.*
- *Ich möchte ihn nicht beleidigen, wenn er nach Hause kommt.*
- *Ich wünsche mir eine liebevolle Partnerschaft.*

Jahresplanung: (Setzen Sie sich nun für jeden Monat Ziele, und notieren Sie Erfolge.)

1. Monat: *Ich spreche mit meinem Mann und finde so heraus, ob er ebenfalls bereit ist, an unserer Ehe zu arbeiten. Ich sage ihm, was mich stört, jedoch ohne ihn dabei zu beleidigen. Danach sagt er mir, was ihn an mir stört. Wir bemühen uns um Kompromisse und legen klare Verhältnisse fest. Zum Beispiel vereinbaren wir, dass wir einen Abend in der Woche gemeinsam verbringen und in aller Ruhe miteinander reden.*
2. Monat: *Ich werde berufstätig, damit mir nicht bereits tagsüber die Decke auf den Kopf fällt und ich mich abends vor lauter angestautem Frust mit meinem Mann streite.*
3. Monat: *Ich suche mir ein Hobby und bin ebenfalls einmal pro Woche abends auswärts beschäftigt.*

4. Monat: *Einen Abend pro Woche gehen wir gemeinsam aus. Wir gehen schön essen, ins Kino oder ins Theater. Dabei reden wir nicht über unsere Probleme, sondern genießen den gemeinsamen Abend.*

5. Monat: *Wenn mein Mann von seinem Abend mit den Freunden nach Hause kommt, setzen wir uns noch ein paar Minuten gemütlich zusammen und erzählen uns gegenseitig, wie unser Abend war.*

6. Monat: *Wir streiten nicht mehr so oft, und falls es doch einmal zu einer Auseinandersetzung kommt, schaffen wir es fast immer, uns noch am selben Abend auszusprechen.*

7. Monat: *Wir setzen uns erneut zusammen und überlegen gemeinsam, welche Probleme wir in den letzten sechs Monaten bereits erfolgreich gelöst haben und an welchen Punkten wir in unserer Ehe noch arbeiten müssen. Was haben wir bereits geschafft, und wo klemmt es nach wie vor? Welche schönen Eigenschaften des anderen sind mittlerweile zutage getreten, die vorher von Frust und Ärger überdeckt waren? Welche Dinge muss jeder von uns noch verbessern?*

8. Monat: *Mein Mann bindet mich mehr in seine Entscheidungen ein, und ich verwöhne ihn nun gerne mit einem guten Abendessen.*

9. Monat: *Wir schaffen es nun, ganz in Ruhe zu diskutieren. Keiner brüllt den anderen mehr an. Wenn einen etwas stört, wird es ruhig angesprochen und gemeinsam nach Lösungen gesucht.*

10. Monat: *Wir entfliehen als Paar dem Alltag und machen gemeinsam Urlaub, der den Vorstellungen von uns beiden entspricht. Wenn der Urlaub ruhig und harmonisch verlief, überlegen wir uns am Ende des Urlaubs, wie wir diesen Umgang auch zu Hause im Alltag leben können.*

11. Monat: *Wir schaffen es, die positive Stimmung, die wir in unserem Urlaub im Vormonat erlangt haben, weiterhin aufrechtzuerhalten.*

12. Monat: *Wir stellen fest, dass wir wieder viel offener miteinander umgehen. Wir sind wieder mehr Paar geworden und weniger zusammen-*

wohnende Einzelpersonen. Jeder geht auf die Wünsche des Partners ein. Beider Interessen werden berücksichtigt. Dennoch müssen wir weiter an unserer Beziehung arbeiten.

Einen wichtigen Punkt möchte ich hier noch anmerken. Viele Paare lassen sich heutzutage scheiden. Sie denken, dass sie nun endlich einer grauenhaften Ehe entrinnen, und dennoch geht es ihnen hinterher nicht wirklich besser. Warum ist das so? Die Partner haben sich zwar getrennt, aber das Problem haben sie nicht gelöst. Viele Trennungen sind nämlich lediglich ein Davonlaufen vor Problemen. Mit dem nächsten Partner werden die getrennten Parteien dieselben Schwierigkeiten wieder erleben. Nichts hat sich wirklich geändert, nur der frühere Partner lebt nicht mehr mit einem zusammen. Die Probleme mit diesem Menschen sind aber nach wie vor vorhanden. Daher ist in vielen Beziehungen die Trennung nicht die richtige Lösung, sondern das gemeinsame Arbeiten an den zwischenmenschlichen Schwierigkeiten. Hier ist eine Paartherapie viel sinnvoller als eine sofortige Trennung. Ob das Paar nach der Therapie zusammenbleibt, ist zwar nicht gesagt, aber selbst wenn es zu einer Trennung kommt, werden die Probleme nachhaltig beseitigt, sodass eine neue Beziehung nicht ähnlich problematisch wird wie die frühere. Erstellen Sie nun Ihren eigenen Jahresplan:

_____

_____

_____

_____

_____

_____ ...

Arbeitsplatz

In einem Betrieb ist es wie im ganzen Leben. Man muss die gleiche Menge und Art an Energie aussenden, die man zurückerhalten möchte. Man kann von den Arbeitnehmern nicht mehr verlangen, als man selbst bereit ist zu geben. Fühlen sich die Menschen wohl, dann fließen Aufträge, Honorar und Möglichkeiten der Expansion automatisch zurück. Sind die Arbeitnehmer ausgebrannt und kommen nur mit Widerwillen zur Arbeit, dann entsteht ein Teufelskreis, bei dem alle Parteien nur verlieren können.

Wenn Sie der Vorgesetzte eines Betriebes sind, sorgen Sie für ein gutes Betriebsklima.

Ersticken Sie Mobbing im Keim, und achten Sie auf die Gefühle und Bedürfnisse Ihrer Arbeitnehmer. Fördern Sie den Teamgeist, beuten Sie Ihre Mitarbeiter nicht aus. Lassen Sie die gute Energie, die dann entsteht, für sich und Ihre Angestellten arbeiten, und Sie werden alles zurückbekommen. Zeigen Sie Menschlichkeit, und andere Menschen werden für Sie da sein, wann immer Sie es brauchen. Gehen Sie den Weg gemeinsam, so werden Sie viel schneller vorankommen. Meiden Sie jedoch Ausnutzer, denn diese Menschen haben meist einen schlechten Einfluss auf das ganze Team. Abgesehen davon müssen solche Mitarbeiter Grenzen erfahren, um zu lernen und zu wachsen. Man muss sich nicht alles gefallen lassen, wichtig ist nur eine klare und menschliche Linie, an die sich alle halten können.

Wenn Sie Arbeitnehmer sind, dann suchen Sie sich einen Beruf, den Sie wirklich und wahrhaftig lieben können.

Sie verbringen so viel Zeit bei der Arbeit, dass Sie sich selbst das Leben zur Hölle machen, wenn Sie diese mit Widerwillen verbringen. Wir Menschen sollten uns das Leben so schön wie möglich gestalten, und dazu gehört auch die Wahl des Berufs. Arbeiten kann auch erfüllend sein und Freude bereiten. Ich persönlich gehe gerne arbeiten. Mich würde es furchtbar langweilen, nur zu Hause zu sitzen und zu warten, bis mein Mann und meine Kinder nach Hause kommen. Auf Dauer würde mir dabei die Decke auf den Kopf fallen.

Arbeit ist etwas Gutes, Wunderbares.

Das kann jeder bestätigen, der verzweifelt eine Arbeit sucht und keine findet. Arbeit wirkt aufbauend, wenn man für das Geleistete Geld als Anerkennung erhält. Es ist ein wunderbares Gefühl, wenn man etwas entwickelt oder umgesetzt hat. Nehmen Sie die Herausforderung Ihrer Arbeit an. Wenn Sie sich innerlich dagegen wehren, sollten Sie lieber den Job wechseln, denn alles, wogegen Sie sich innerlich wehren, zehrt an Ihren Energiereserven und lässt Sie geschwächt zurück. Verstehen Sie Ihre Arbeit als Teil Ihres Lebensplans.

Setzten Sie ein Zeichen. Seien Sie stolz auf Ihre Leistungen. Lassen Sie bei allem, was Sie tun, die Liebe fließen, denn Liebe ist das energetisch wertvollste Gefühl. Die Liebe ist wie ein Magnet für alles Gute und Schöne dieser Welt. Sie ist immer für Sie und niemals gegen Sie. Liebe sollte immer der Kern allen Handelns, aller Entscheidungen, aller Gedanken sein.

Egal, was für eine Anstellung Sie suchen, egal, welchen Beruf Sie ergreifen, lieben Sie Ihre Arbeit, dann wird alles gut.

Übung – *Arbeitsplatz*

Kreuzen Sie nun bitte die auf Sie zutreffenden Aussagen an.

	trifft zu	trifft nicht zu
Ich arbeite in meinem Traumberuf.		
Ich gehe gerne arbeiten.		
Meine Arbeit ist niemals langweilig.		
Ich verdiene genügend, sodass es mir an nichts mangelt.		
Ich möchte auch noch die nächsten Jahre in meinem Beruf arbeiten.		
Mein Beruf ist eine Bereicherung für mein Leben, keine Belastung.		

	trifft zu	trifft nicht zu
Ich konnte meinen Traumberuf nicht ergreifen.		
Mein Beruf strengt mich an.		
Meine Arbeit ist immer die gleiche, jeder Tag ist langweilig.		
Ich bekomme viel zu wenig Geld für meine Arbeit.		
Am liebsten würde ich in einem anderen Bereich arbeiten.		
Mein Beruf ist eine Belastung, ich bin jeden Abend erschöpft und müde.		
Ich kann es jeden Tag kaum erwarten, dass der Feierabend kommt.		
Ich schaffe meine Arbeit kaum, denn sie ist furchtbar anstrengend.		

Auch hier gibt es positive und negative Aussagen. Wenn Sie vermehrt den positiven zugestimmt haben, gibt Ihre Arbeit Ihnen Energie, wenn nicht, so ist dies ein Zeichen für Energiemangel im Bereich Ihrer Arbeit. Sie sollten sich daher in Ruhe Gedanken machen, ob auf Dauer eine Änderung Ihrer beruflichen Situation notwendig ist. Wenn Sie zu diesem Entschluss gelangen, handeln Sie nicht überstürzt, sondern überlegen Sie in aller Ruhe, welche Arbeit Ihren Geist beflügeln würde. Unternehmen Sie dann geplante Schritte für eine berufliche Neuorientierung.

Finanzen

Geld ist schön, aber Geld ist nicht wichtig. Geld besteht einfach nur aus Metall oder aus bedrucktem Papier. Leider dreht sich in der heutigen Welt alles um Geld. Anstatt Wert auf die eigentlichen Dinge des Lebens zu legen, läuft jeder Mensch dem Geld hinterher. Ich muss zugeben, dass, nachdem unsere westliche Welt gewissen ökonomischen Regeln folgt, jeder Mensch, der hier überleben will, Geld braucht – der eine mehr, der andere weniger. Wir sollten uns jedoch nicht allzu sehr von Geld abhängig machen, denn je mehr wir daran festhalten, desto weniger gute Energie geben wir ihm.

**Je negativer die Geldenergie ist, die wir aussenden,
desto weniger Positives fließt zu uns zurück.**

Geld ist etwas Materielles, es ist nur ein Gegenstand. Es ist für uns wichtig, und wir sollten es wertschätzen wie alle anderen Gegenstände, aber wir dürfen uns nicht krampfhaft daran klammern, denn sonst fließt nichts mehr, weder Energie noch Geld. Wenn Sie nun wollen, dass Geld zu Ihnen kommt, müssen Sie sich freuen, wenn es zu Ihnen fließt, aber Sie müssen es auch mit Freude und Liebe wieder loslassen. So entstehen ein guter Energieaustausch sowie ein harmonischer Geldfluss. Wenn Sie sich an jeden Cent klammern, wird kein Geld zu Ihnen kommen wollen. Dieses Verhalten sorgt für eine Energieblockade. Und damit stagniert der Geldfluss in Ihre Richtung. Das Ergebnis ist, dass Sie immer mehr bezahlen müssen. Zahlreiche Rechnungen flattern in Ihr Haus, und es kommt kaum genug Geld wieder herein.

Wenn Sie mit Ihrer Energie die Angst aussenden, nicht genug Geld zu haben, werden Sie tatsächlich niemals genug haben. Erst müssen Sie Ihr Verhältnis zum Geld ändern.

Wenn Sie viel Geld verloren haben, etwa weil Sie auf ein unrentables Anlagengeschäft hereingefallen sind, ist dies sehr ärgerlich. Doch es nützt Ihnen nichts, diesem Geld jahrelang nachzutrauern. Sparen Sie sich lieber die Energie des endlosen Ärgers.

Aufregung kostet nur wertvolle Energie, aber sie bringt verlorenes Geld nicht wieder zurück.

Geld, das weg ist, ist weg. – Das ist die wichtigste energetische Regel im Zusammenhang mit Geld. Eigentlich sind Unmengen von Geld im Umlauf. Die westliche Welt ist voll von Geld, die Frage ist nur, ob es zu einem selbst fließt oder nur zu anderen.

Es muss nicht die gleiche Menge wieder wegfließen, die zu Ihnen geflossen ist, aber einen Teil davon müssen Sie auf jeden Fall wieder loslassen. Wenn Sie dies nicht akzeptieren können, werden Sie nie genug Geld haben. Sie müssen das Geld, das Sie haben, lieben. Sie dürfen nicht schimpfen, weil Ihr Kontostand oder der Inhalt Ihres Geldbeutels zu gering ist. Freuen Sie sich über das Geld, das Sie haben. Denken Sie immer daran, dass es auch weniger sein könnte. Egal, wie viel Sie haben, stecken Sie gute Energie in das Geld, das Ihnen gerade gehört. Freuen Sie sich über die Dinge, die Sie mit Ihrem Geld gekauft haben. Achten Sie diese Dinge, denn Ihr Geld hat Ihnen dies erst ermöglicht. Auch wenn das Geld jetzt wegen des Einkaufs weg ist, hat es Ihnen Ihre Wünsche erfüllt. Freuen Sie sich also darüber.

Bevor Sie teure Gegenstände kaufen, überlegen Sie immer, ob Sie diese Gegenstände wirklich wollen, Sie dadurch glücklich werden und wie langfristig sie Ihnen erhalten bleiben.

Wenn die Gegenstände nicht zu Ihrem Wohlbefinden beitragen, sollten Sie dafür gar nicht erst Geld ausgeben. Geben Sie außerdem niemals all Ihr Geld aus. Behalten Sie immer einen ausreichend hohen Puffer auf dem Konto für unvorhergesehene Ausgaben. Eigentlich sollten Sie diese Reserve niemals anrühren, es sei denn, es handelt sich um einen wirklichen Notfall. Nur so kann sie Ihnen Sicherheit geben. Sie ist Ihre energetische Geldquelle. Haben Sie bisher keinen solchen Puffer, dann legen Sie einen an. Dieser kann mit der Zeit größer werden und sollte Ihrem Lebensstandard entsprechen.

Wenn Sie mehr Geld brauchen oder wollen, als Sie momentan haben, dann müssen Sie natürlich auch bereit sein, etwas dafür zu tun. Von nichts kommt schließlich nichts. Nur darüber zu jammern, wie teuer alles ist, hilft Ihnen nicht weiter. Sie müssen Energie aussenden, dann kann sie zu Ihnen fließen. Übertragen heißt dies:

**Nur wenn Sie bereit sind, etwas zu tun,
kann das Geld zu Ihnen fließen, sonst nicht.**

Sollten Sie Schulden haben, dann gewöhnen Sie sich an, jeden Monat bei der Ratenzahlung auf den Tilgungsbetrag zu sehen und nicht auf die gesamte Rate oder, noch schlimmer, nur auf die Zinsen. Denken Sie nicht darüber nach, wie lange es noch dauert, bis der Kredit zurückgezahlt ist, sondern freuen Sie sich über jede Rate, die Sie bereits beglichen haben, denn sie bringt Sie der Schuldenfreiheit einen kleinen Schritt näher. Zeit ist immer relativ, und wichtig ist allein die Tatsache, dass Sie Ihre Schulden begleichen, nicht das »Wann«. Sorgen Sie für viel Energie im Leben, dann haben Sie auch mehr Kraft, für Geld zu arbeiten.

**Neid sorgt für schlechte Geldenergie,
also verzichten Sie lieber darauf.**

Neiden Sie niemals einem anderen seinen Reichtum, denn Sie wissen nicht, was er bereit war, dafür zu tun. Nur die wenigsten Menschen werden reich geboren, die meisten müssen sich Ihren Reichtum hart erarbeiten.

Wenn Sie diese Empfehlungen beachten, werden sich neue finanzielle Türen für Sie öffnen. Vielleicht bekommen Sie eine Gehaltserhöhung, eine neue Arbeit, ein Erbe, gute Kreditkonditionen, oder die Dinge, die Sie sich wünschen, kosten nur die Hälfte von dem, was Sie dachten. Wenn Sie gute Energie zum Thema Geld aussenden, bekommen Sie oft bares Geld zurück. Senden Sie schlechte Geldenergie aus, bekommen Sie kein Geld oder viel zu wenig Geld zurück. So einfach ist das. Den richtigen Weg zu finden, ist die Kunst.

Alles liegt allein an der Energie, die Sie ausstrahlen.
Geld gibt es mehr als genug,
Sie müssen das Geld nur anziehen, nicht abstoßen.

Übung – *Finanzen*
Kreuzen Sie im Folgenden die auf Sie zutreffenden Aussagen an.

	trifft zu	trifft nicht zu
Es geht mir finanziell gut bis sehr gut.		
Ich habe keine privaten Schulden.		
Materielle Wünsche kann ich mir immer mal wieder erfüllen.		
Geld ist für mich nichts Negatives, sondern ein Tauschmittel.		
Ich habe meine reellen finanziellen Ziele erreicht, oder ich bin auf dem Weg, diese zu erreichen.		
Ich kann mit meiner Familie regelmäßig in den Urlaub fahren.		
Ich kann es mir leisten, schön essen zu gehen.		
Ich muss nicht jeden Euro dreimal umdrehen, bevor ich ihn ausgebe.		

	trifft zu	trifft nicht zu
Ich habe ständig finanzielle Probleme.		
Ich bin privat verschuldet.		
Ich habe viele materielle Wünsche, kann sie mir aber nicht erfüllen.		
Ich werde nie genug verdienen, um mein Leben so zu gestalten, wie ich es will.		

	trifft zu	*trifft nicht zu*
Ich kann es mir nicht leisten, regelmäßig mit meiner Familie in den Urlaub zu fahren.		
Mit der Familie schön essen zu gehen, kann ich mir nicht leisten.		
Bevor ich etwas kaufe, muss ich erst rechnen, ob ich es mir leisten kann.		
Ich habe das Gefühl, immer nur hinter dem Geld herzulaufen.		

Stimmen Sie eher den Aussagen des ersten Blocks oder denen der zweiten Kategorie zu? Wenn Sie eher die Aussagen des zweiten Blocks bejahen, ist dies ein Zeichen dafür, dass die Energie, die Sie in Bezug auf Geld aussenden, negativ ist und daher auch keine positive Geldenergie zu Ihnen zurückfließen kann. Versuchen Sie, daran zu arbeiten, und schon bald wird sich das positiv auf Ihre finanzielle Situation auswirken.

Wir haben nun verschiedene Lebensbereiche betrachtet, und ich habe Ihnen Möglichkeiten aufgezeigt, wie Sie in diesen Bereichen positive Energie aussenden und somit auch zurückerhalten können. Es ist aber nicht nur wichtig, bestimmte Lebensumstände energetisch positiv zu beeinflussen, sondern Sie können sich durch gezieltes Arbeiten an Ihrer Person und durch die richtigen Gefühle allgemein energetisch »optimieren« und so Ihre Mitte finden.

Änderungen der eigenen Person

Indem Sie aufschreiben, was Sie an sich ändern würden, finden Sie heraus, wie Sie sein müssten, um mit sich selbst zufrieden zu sein. Ihr Innerstes hat durch Erziehung, Prägung und das Außen verlernt, Ihren seelischen Bedürfnissen zu folgen.

Übung – *Änderungen der eigenen Person*
Welche Eigenschaften stören Sie an sich selbst? Können Sie nicht Nein sagen? Denken Sie meist an Ihren eigenen Vorteil? Tun Sie zu viel für andere? Sind Sie zu lieb? Sind Sie leicht gestresst? Fühlen Sie sich schnell überfordert? Sind Sie zu hektisch? Haben Sie zu viele Ängste? Sind Sie zu oberflächlich? Reden Sie, bevor Sie nachdenken, und handeln sich dadurch oft Schwierigkeiten ein? – Finden Sie alles, was Sie an sich selbst stört. Sicher haben Sie Vorbilder, die einzelne Dinge in ihrem Leben Ihrer Meinung nach besser machen als Sie. Schreiben Sie alles auf, was Ihnen einfällt.

_____

_____

_____

_____

_____

_____ ...

Wenn Sie nun festgestellt haben, was Sie gerne an sich ändern würden, tun Sie es! Lassen Sie sich niemals von anderen Personen oder äußeren Umständen beeinflussen, denn dadurch blockieren Sie Ihren Energiefluss.

Es gibt keine perfekten Menschen, und jeder, der dies von sich selbst behauptet, hat das Wesentliche im Leben nicht verstanden. Es gibt einige Vorbilder in der Geschichte der Menschheit, die seelisch sehr weit entwickelt waren – denken Sie nur an Mutter Teresa, Martin Luther King oder Mahatma Gandhi. Doch kein wahrer Meister würde von sich behaupten, dass er vollkommen ist.

Vollkommenheit gibt es in dieser Welt nicht.
In der Natur herrscht das Chaos,
und das einzig Beständige im Leben ist die Veränderung.

Das Leben ist eine Schule oder Prüfung. Wir sind hier, um uns zu entwickeln und die Seele zu vervollkommnen. Erreichen werden wir dies nicht auf Erden, aber wir können daran arbeiten. Dies ist unsere Aufgabe. Dies ist unsere Bestimmung. Pferde können bereits jede Lektion von Geburt an. Die hohe Kunst des Reiters ist es, diese Lektion zu einem bestimmten Zeitpunkt beim Pferd abzurufen. Bei uns Menschen ist es das Gleiche.

Wir wissen bereits alles, doch wir sind hier,
um unser Wissen in allen Situationen richtig einzusetzen.

Wir müssen uns in jeder Lebenssituation anderen gegenüber so verhalten, wie wir wollen, dass sie sich uns gegenüber verhalten.

»Wer anderen eine Grube gräbt, fällt selbst hinein.« – Jeder Mensch kennt dieses Sprichwort. Wir sollten andere nicht verletzen, denn auch wir wollen nicht verletzt werden. Wir sollten an andere denken, denn auch wir wollen, dass an uns gedacht wird. Wir sollten andere achten, denn auch wir wollen geachtet werden. Wir sollten andere respektieren, denn auch wir wünschen uns, respektiert zu werden. Wir sollten andere lieben, denn auch wir wollen geliebt werden. Dies ist unser Weg.

Die richtigen Gefühle

In diesem Buch wurde bereits sehr viel über die Verbindung von Gedanken und Energie gesprochen. Zum Abschluss möchte ich über das sprechen, was den wichtigsten und stärksten Einfluss auf unsere Energie hat: die Gefühle.

**Gefühle beeinflussen uns wesentlich mehr
als unsere Gedanken.**

Gedanken können wir beeinflussen, wir können intensiv nachdenken und versuchen, uns von allen Grübeleien zu befreien. Gedanken müssen jedoch erst zu Entschlüssen reifen, bevor sie in unser Handeln übergehen und uns damit maßgeblich beeinflussen. Gefühle hingegen lassen uns häufig Dinge tun, bevor wir überhaupt über eine Handlung nachgedacht haben. Von einem Moment zum anderen sind wir überwältigt, und unsere Gefühle reißen uns mit, ob wir dies wollen oder nicht. Traurigkeit kann uns einhüllen wie ein undurchdringlicher Mantel, aus dem wir lange Zeit nicht herausfinden. Freude kann uns in ungeahnte Höhen schicken und damit alle Hindernisse aus dem Weg räumen. Doch immer nur Freude zu empfinden ist kaum möglich, denn dieses Gefühl ist so zerbrechlich wie hauchdünnes Glas. Greifen wir es zu fest, zerbricht es. Nur wenn wir es vorsichtig durch unser Leben tragen, bleibt es bestehen.

Unsere Gefühle sind immer die Wahrheit.

Die menschliche Gefühlswelt ist unberechenbar und von Mensch zu Mensch sehr verschieden. Was den einen freut, frustriert den anderen. Was dem einen gefällt, das mag der andere nicht.

Gefühle bestehen aus reiner Energie, wie alles andere auch.

Übung – *Gefühle*

Oft ist es für uns nicht einfach, uns unserer Gefühle bewusst zu werden, und viele davon verdrängen wir. Beobachten Sie nun Ihre Gefühle, und notieren Sie eine Woche lang, welche Empfindungen und Gefühle bei Ihnen täglich überwiegen. Seien Sie ehrlich zu sich selbst. Wenn Sie beispielsweise Hass oder Neid auf eine bestimmte Person empfinden, stehen Sie dazu. Kreuzen Sie bei der nachfolgenden Tabelle täglich Ihre jeweiligen Gefühle an.

		morgens	*vor-mittags*	*mittags*	*nachmit-tags*	*abends*
glücklich						
	unglück-lich					
zufrieden						
	unzufrie-den					
unterneh-mungs-lustig						
	müde					

		morgens	vor-mittags	mittags	nachmit-tags	abends
energie-geladen						
	antriebs-los					
motiviert						
	deprimiert					
ausge-glichen						
	gereizt					
fröhlich						
	traurig					
begeistert						
	freudlos					
entspannt						
	ängstlich					
neugierig						
	des-interes-siert					
gelassen						
	neidisch					

Zählen Sie nach einer Woche nach, wie oft Sie positive und wie oft Sie negative Empfindungen angekreuzt haben. Welche Art von Gefühlen überwiegt? Schreiben Sie Ihre Gedanken dazu auf.

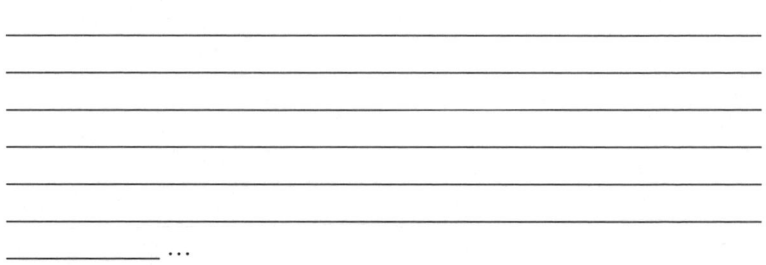

...

Wenn bei Ihnen die positiven Gefühle überwiegen, sind Sie auf einem guten Weg. Die meisten von Ihnen werden sicherlich ab und zu schlechte Gefühle haben, denn kein Mensch ist perfekt. Überwiegen diese allerdings, sollten Sie schnellstmöglich etwas ändern, denn schlechte Gefühle sind sehr massiv und ziehen viel schlechte Energie auf Ihre Person, nicht zu dem Objekt Ihrer Gefühle. Sagen Sie Nein zu ihnen. Viele negative Gefühle sorgen für mangelnde und schlechte Energie, während positive Gefühle Ihr Energiesystem reinigen und stabilisieren. Dabei hat jedes Gefühl eine eigene Schwingung und eine eigene Art der Effizienz. Dies bedeutet, dass manche Gefühle durch andere überlagert werden können. Manche hingegen sind in der Lage, andere auszuschalten. Je stärker das Gefühl dabei ist, desto mehr Energie wird ausgesandt und desto mehr Einfluss besitzt die Emotion. Die beiden stärksten Gefühle sind die beiden Gegensätze Hass und Liebe. Beide haben sehr viel Macht und Einfluss auf alles, was sich in ihrem Fokus befindet.

Wie ein energetischer Faden bildet sich eine feste Verbindung zwischen dem Sender und dem Empfänger von Gefühlen.

Aus diesem Grund ist es für Menschen, die unheimlich stark lieben, genauso schwer, eine Bindung zu lösen, wie für Menschen, die enorm hassen. Oft wird von Außenstehenden nicht verstanden, warum jemand immer wieder über einen Menschen spricht, den er überhaupt nicht ausstehen kann. Immer wieder kommt es zu vermeintlich zufälligen Treffen, zu Erinnerungen und zu einem Festhalten an den schlechten Erfahrungen mit dem verhassten Menschen. Dies liegt an der starken energetischen Bindung, die zwischen beiden entstanden ist. Für Außenstehende scheint es, als könnten diese beiden Menschen weder mit- noch ohneeinander leben. Anstatt sich voneinander abzuwenden, halten sie an der Beziehung fest und erstaunen ihr ganzes Umfeld damit.

Auch die Liebe schafft eine fast unlösbare Verbindung.

Wenn Menschen starke Gefühle füreinander haben, sind sie auch über große Entfernungen hinweg energetisch miteinander verbunden.

**Die Energie der Liebe ist so stark und rein
wie nichts anderes auf der Welt.**

Liebe ist daher das mächtigste Gefühl, das es gibt, allerdings nur dann, wenn sie wahr, rein, tiefgründig und ohne böse Hintergedanken ist. Die Art von Liebe, die die meisten Menschen zu empfinden glauben, hat damit nicht das Geringste zu tun. Sie ist nur ein Schatten der wahren Liebe, sie ist eine Täuschung, eine Lüge. Die meisten Menschen glauben lediglich, wirklich zu lieben.

**Wahre Liebe berührt den Sender und den Empfänger tief.
Wahre Liebe führt bis zur Seele.**

Wahre Liebe ist die Verbindung einer Seele mit der anderen. Sie ist das unsichtbare Band zwischen Individuen und macht aus diesen eine Einheit. Liebe verwandelt alles. Wahre Liebe neutralisiert alles. Menschen, die wahrhaft lieben, sind zu den unglaublichsten Dingen fähig. Sie sind eine Quelle der Energie und der Kraft. Liebe verwandelt alles. Wahre Liebe nimmt uns die Schwächen, denn ein Mensch ohne Liebe ist schwach und manipulierbar. Die Liebe sorgt für Wahrhaftigkeit, Ehrlichkeit und Göttlichkeit. Sie nimmt uns alle Fehler. Sie lässt uns mit anderen Menschen verschmelzen. Sie lässt uns den Kern der anderen Wesen erfahren. Sie sorgt für eine untrennbare Bindung zu allem, was unsere Liebe trifft.

Wahre Liebe ist das einzige Gefühl unserer Seele.
Denn unsere Seele kennt keine anderen Gefühle als die Liebe.

Alle anderen Gefühle entstehen nicht in der Seele selbst, denn keine Seele möchte eine andere verletzen. Keine Seele möchte einer anderen Seele schaden. Die Seele kennt nur reine wahrhaftige Liebe. Daher kann wahre Liebe durch nichts zerstört werden. Dieses ursprüngliche Gefühl ist stärker als alles andere auf dieser Welt, denn es kommt direkt aus unserem Innersten, aus unserem wahren Kern.

Liebe ist Energie in der höchsten Form.

Liebe ist unsere eigene Göttlichkeit. Sie ist unsere Seele. Unsere Seele ist pure Energie, und diese ist nichts anderes als Gott, denn Gott ist alles und nichts, so, wie auch Energie alles und nichts ist.

Lieben Sie! Erleuchten Sie diese Welt mit Ihrer Liebe. Machen Sie die Welt zu einer liebevollen und göttlichen Heimat für Ihre Seele.

Lieben Sie alles und jeden. Senden Sie jedem Menschen diese wertvolle Energie, die wie ein heller Stern erstrahlt!

Das ist der Sinn des Menschseins. Das ist der Grund, warum wir hier auf Erden sind. Das ist das Ziel unserer ureigenen Seele. Das ist unsere wahre Bestimmung.

Verinnerlichen Sie sie.

Literaturhinweise

Arntz, William / Chasse, Betsy / Vicente, Mark und Seidel, Isolde: *Bleep: An der Schnittstelle von Spiritualität und Wissenschaft: Verblüffende Erkenntnisse und Anstöße zum Weiterdenken*, Vak Verlag 2007.

Bek, Lilla und Pullar, Philippa: *Chakra-Energie*, Scherz Verlag 1991.

Czarnecki, Lukas: *Die Quantenphysik*, http://www.hpwt.de/Quanten2.htm (01/2012).

Govinda, Kalashatra: *Chakra Praxisbuch*, Ludwig Verlag 2004.

Kinslow, Frank: *Quanten Heilung*, VAK Verlag 2009.

Lipton, Bruce H.: *Intelligente Zellen*, Koha Verlag 2008.

Powell, Arthur E.: *Der Astralkörper*, Aquamarin Verlag 2002.

Powell, Arthur E.: *Der Ätherkörper*, Aquamarin Verlag 2004.

Praagh, James van: *Geister sind unter uns*, Ansata Verlag 2008.

Sagan, Samuel: *Tor zu inneren Welten*, Schirner Verlag 2004.

Tepperwein, Kurt: *Perlen der Weisheit*, Der große Tepperwein, Arkana 2009.

Nachwort

In dem Ihnen vorliegenden Band 1 wollte ich Ihnen die Zusammenhänge und Grundlagen zum Thema Energie näherbringen, damit Sie als Leser die Bedeutung und Hintergründe verstehen, warum Energie unser kostbarstes Gut im Leben ist und warum Sie auf einen guten Energiehaushalt achten sollten. Sie wissen nun, wer Ihnen Energie abzieht und wie Sie sich vor dem Raub schützen können.

Im Band 2 – *Energie im menschlichen Leben* (der im Herbst 2012 im Schirner Verlag erscheint) geht es um Themen wie Lebensphasen mit erhöhtem Energiebedarf, Energie bei Gesundheit und verschiedenen Krankheiten. Außerdem wird aufgezeigt, welche Energiequellen es für den Menschen gibt und wie er seine Energiedepots am einfachsten wieder auffüllen kann.

Über die Autorin

Nathalie Schmidt arbeitete als examinierte Krankenschwester. Durch diesen Beruf kam sie intensiv mit Leben und Tod in Kontakt und setzte sich damit auseinander. Sie erkannte dabei den Zusammenhang zwischen Energie und menschlichem Leben und beschäftigt sich seit 1996 eingehend mit diesem Thema. Sie absolvierte die Ausbildung zur Reiki-Therapeutin und gibt seither regelmäßig Reiki-Behandlungen sowie Coaching-Sitzungen.